U0932084

靈修著作精選

Old Stories for Contemporary Readers

給當代讀者的舊約故事

在生命境況中尋見上帝

Finding God in the Midst of Life

包衡、哈特 著
紀榮智 譯

▼

靈修著作精選

在生命境況中尋見上帝

給當代讀者的舊約故事

Finding God in the Midst of Life

Old Stories for Contemporary Readers

作者
包衡 Richard Bauckham
哈特 Trevor Hart

譯者
紀榮智

責任編輯
陸志豪

裝幀設計
奇文雲海 · 設計顧問

■

出版 / 發行
基道出版社
香港沙田火炭坳背灣街 26 號富騰工業中心 10 樓 1011 室
LOGOS PUBLISHERS
Unit 1011, 10/F, Fo Tan Ind. Centre, 26 Au Pui Wan St., Shatin, Hong Kong
電話：(852) 2687-0331 傳真：(852) 2687-0281
網址：https://www.logos.com.hk

承印
陽光 (彩美) 印刷有限公司

●

1/2011 初版
Cat. No. LP641A
ISBN: 978-962-457-412-8
Originally published in English under the title:
Finding God in the Midst of Life:
Old Stories for Contemporary Readers

Printed in Hong Kong

刷次	12	11	10	9	8	7	6	5	4
年份	2030	2029	2028	2027	2026	2025	2024	2023	2022

前言

故事在我們的人生中佔有特別位置。有人甚至說，人之所以為人，與上帝所造的其他有意識的受造物分別出來，就是因為故事。也許這樣說，略為借題發揮了（人之所以為人，還有很多可考慮的合理主張），但我們可以說，我們身為人所看重的東西，大都離不開故事，有了故事，我們的人生才值得活下去。我們按著本能就會說故事，說有關自己和別人的故事；而且我們也愛聽故事。

出色的故事（或任何類似的故事）都帶有一些情節，如同放下魚釣，不費勁、很快地便深深吸引我們的注意，然後再收回釣線將我們勾上來。從荷馬（Homer）的《伊里亞德》（*Iliad*），及至最近期的電視劇集《倫敦東區》（*EastEnders*）的情節，我們都覺得故事有難以抵擋的吸引力。不同時代的演說家也知道，不論他們的論據或演說有多高深或精密，都比不上「很久很久以前……」這句話（或相似的話）更能打動聽眾的心，更能博得他們的同感。

無可否認這有很多不同的解釋，但其中一個重要的原因肯定是：故事是必不可少的方式，讓我們藉以明白自己的人生經驗；既明白別人的人生，也明白自己的人生。可以說，故事的作用就是要在我們生活的零碎片段中尋找意義和衍生意義。正如大家所知道的，一個故事有不同的角色，有起承轉合。故事的構成固然要比這複雜得多，但當下只需指出，故事是如何追蹤事物之間的連繫——人物、事件、行動和結果之間的連繫。我們透過説故事，以各種模式把事物連上關係，主張某些事物是自然彼此相屬的，不像垃圾桶裏的雜物亂成一團（互不相關的物件意外地堆積起來），卻是屬於一個有意義又有秩序的模式。透過説出這些關乎別人的故事，我們很自然就能約略明白到那至今仍不斷展開（而又還未完結）的故事，從而有助我們了解自己的人生。

我們在生活上面對錯綜複雜的事物，世事交織著喜歡與不喜歡的、熟悉與不熟悉的、令人放心與帶來威脅的一些令人感到相互交錯的困惑，而故事可幫助我們在其中定位，不致困惑迷惘。事實上，我們能夠追溯事物之間的相異與相似之處，故事實在功不可沒，故事幫助我們用想像力超越自己在世界和歷史上的特定位置，但又深深紮根在世界和歷史中。魯益師（C. S. Lewis）在《文藝評論的實驗》（*An Experiment in Criticism*）中指出，閱讀一個好的故事，「我就成了一千個人，又仍舊是自己……我超越自己，但同一時間又沒有超出自己」。[1] 我們可說，人類經驗既有獨特之處，又有共通的地方，兩者之間的關係很奇特，而故事正好可幫助我們掌握這關係：只有當故事告訴我們一些我們仍未知道的事（關乎人物、時間、地點及事件），我們才會覺得有趣；但我們覺得這些東西有趣又有意義，是因為察覺到這些就是人類的現實，對我們可能是真實的，又是我們可能親身經歷的。我們很快便受故事吸引，即使故事可能有很多陌生的地方，我們仍總是可以在故事中找到反映自己和世界的東西。

聖經中充滿故事。我們甚至可以（並慣常地）把由各經卷組成的舊約和新約，視為講述一個長篇「故事」。基督教正典如此編排經卷的方式（若不是惟一的讀法），鼓勵我們把聖經讀成一個故事。而這故事的「上冊」（即舊約）講到這長篇故事的上集，敘述上帝如何透過亞伯拉罕、雅各、摩西、約瑟、撒母耳、大衛以及很多很多的人，來與以色列人交往。我們很熟悉其中一些故事，另一些則不太熟悉。這些故事都有一個共通點：在故事情節的展開中，主角始終是上帝。有時上帝清楚見於故事中，即公開又明顯；有時上帝的同在則較預料不到和較隱藏，需要詮釋（像是聖經版的《沃爾多在哪裏？》〔*Where's Waldo?*〕！〔編按：這是英國很出名的兒童圖書，要在一系列的不同場景中尋找隱身在其中的主角人物〕）。但不論明顯與否，上帝總存在於事件之中；因這一直說下去的長篇故事，首先是上帝的故事，然後才是以色列人的故事或我們的故事。甚至，由於這些零星的小故事本身橫跨了很多個世紀，以及源自截然不同的文化和宗教背景，因而正是上帝這位「主角」的始終同在，矢志不渝，才連貫起這些小故事，組成這救恩長篇故事的不同情節。

相比起來，在我們自己和我們的「故事」中也可發現相似的情況。我們發現，不管喜不喜歡，我們都是上帝故事中的角色；因而上帝也是我們故事中的角色。同樣，這不意味上帝的同在或作為總會如我們所想那樣顯而易見。而在另一些時候，上帝的同在或作為卻可能清楚不過，明顯得叫我們感到吃不消！這本書會默想一些聖經故事，而我們就像聖經故事中的角色，不論明顯與否，上帝總是呼喚我們要在不同的人生處境中尋求祂，遇見祂。雖然聖經人物與上帝相遇的時間地點與我們的截然不同，但也有異曲同工之處。一次又一次，只要我們願意發揮想像力，思想的世界就會漸露曙光，我們將發現自己跨越時空，一方面面對與我們相似得出奇的故事主人翁，另一方面又可遇見這位縱然自隱，卻仍可被認出是昨日、今日、直到永遠都是同樣的一位上帝。

我們衷心感謝聖安得烈城聖安得烈聖公會（St. Andrew's Episcopal Church）的會眾率先聆聽了我們的講道，而這本書的默想內容就是根據所累積的講章而成的。我們也感謝我們的好友奧賽厄霍爾（Micheal O'Siadhail）允許我們引述他所寫的《我們的雙倍時光》（*Our Double Time*）中《雙倍》（*Twofold*）這首詩。

包衡（Richard Bauckham）

哈特（Trevor Hart）

二○○六年大齋期

目錄

1

……在想駕馭上帝的應許之時

（創十六章，二十一章）

離婚夫婦爭奪冷凍胚胎……

（1999年11月6日星期六《衛報》〔*The Guardian*〕）

幾十年前，這頭條下的報導簡直令人難以置信，似乎更像是科幻小說的橋段過於是可靠的時事新聞。科技進步常被人描繪成純粹美好的進步，但如這篇報導所顯示，科技進步經常導致潘朵拉的盒子被打開，釋放出前所未見的道德難題，這即使是我們作惡夢也始料不及的。然而，亞伯拉罕、撒拉、夏甲和以實瑪利的古老故事，卻是與上述這現代困局的潛在問題詭異地暗合。當然，二事描述的情況有明顯的形式差異，提醒我們不要太快或太輕易將自己或自己判斷處事的方式讀入經文之中。然而，只要我們求同存異，就可合理地找出人類跨越時空、潛在共通的人性，把古老的經文活生生呈現在現代讀者面前。

這兩個故事在相同的處境下發生，這是一個所有人類社會都會關心的處境：有一對男女想生兒育女，但迄今仍然不育，而時間似乎所剩無幾。所以，這對男女千方百計要解決問題。當然，冷凍胚胎與聖經的世界完全扯不上關係，而現代人在處理不育的問題時所牽涉的複雜倫理難題，也不適用於其他時代。但亞伯蘭和撒萊有他們自己（天然而同樣有效）的「生物科技」，就是借助婢女夏甲，她生育的能力毋庸置疑。試管未曾發明之前，便已有代母，古人在這事上有自己的一套方法。從道德角度來看，我們也許覺得這是不正當的男女關係，但處理不育這方面的道德問題其實很敏感，我們也不宜五十步笑百步。無論如何，這都不是這兩個故事想吸引讀者留意的方面，兩者都不直接關注科技在**道德**上的對與錯，反而關心這樣做而引發在人際關係上的複雜問題。這似乎是另一個古往今來的人類共同特徵：論到孕育新生命，不管是對是錯，人試圖要「扮演上帝」，都會帶來意料不及、殊不討好的餘波。似乎，這過程最終難免會衍生人為的餘波：人際關係中的餘波、期待之中的餘波、有血有肉的餘波。當過程取得其最初所渴望達到的結果後，就不容易知道可如何處理隨之而來的餘波。

如果我們打開創世記十五章，就可讀到這故事當下的背景。亞伯蘭向上帝求一個兒子，恐怕他的家業會交給他家中的僕人大馬士革人以利以謝。所以，上帝應許亞伯蘭：「『這人必不成為你的後嗣；你本身所生的才成為你的後嗣。』於是領他走到外邊，說：『你向天觀看，數算眾星，能數得過來嗎？』又對他說：『你的後裔將要如此。』」（十五 4～6）亞伯蘭興高采烈回家，向撒萊述說這事，撒萊卻大概不像亞伯蘭一樣興奮。很可能，這整個想法成為撒萊極大的重擔，令她深感歉疚。撒萊已不年輕，至今仍然不育。這段經文第一節開宗明義形容撒萊是賢妻，只是不能生育：「亞伯蘭的妻子撒萊沒有為他生孩子。」（十六 1；參《和合本修訂版》）那麼，可以怎麼辦？亞伯蘭想要小孩子，這自然不過，更別說當時社會的經濟結構和福利機制，比起我們現在更是與血緣上的關係密切相關。經文沒有告訴我們，但我們可猜想撒萊也渴望生兒育女。撒萊多年以來一直盼望守候，但隨著生理時鐘滴答不止，更年期過去，壓力本就極大。當下亞伯蘭用沉重的神學調子談論這事，更使撒萊「百上加斤」。「啊，上帝今天告訴我，祂要透過撒萊，叫我們得一個兒子；實際上所生的孩子會如天上的星這麼多。」這是亞伯蘭（及上帝）的好主意，但在撒萊看來，**她**卻被迫要承擔責任履行這期望！亞伯蘭看來可以安心信靠上帝，撒萊就沒這麼肯定了。撒萊無法相信這計劃竟要她在這年紀懷孕生子，這實在是天方夜譚。也許，撒萊根本**不願**想像這事發生！所以，撒萊想出她看來可行的方案，但不必要求任何神蹟般的事發生，大大縮減了自己想像上的預期。撒萊年老，「月經已斷絕了」。但撒萊有一個年輕的埃及婢女，既替她辦理家中的一切事，為何不可辦這一件事？撒萊只需要叫亞伯蘭與這婢女同房，直到她懷孕（亞伯蘭固然願意信靠上帝，但似乎也很樂意順從這計劃……），而所生的孩子可在家中被養育成人，承繼家業。這樣撒萊就可卸下一切重擔，旁人也終於不再定睛在她的不足。

因此，撒萊擔起責任，要為亞伯蘭覓得他所渴望的兒子、上帝所應許他的後裔。這是個妙計，只是有一嚴重漏洞。即使撒萊嘗試確保上帝說過的事必能成就，卻是把精力放在用**她的方法**做事，惟恐她所害怕的事會臨到自己身上：恐怕自己無法懷孕而失望羞恥，或承受在這年紀懷孕的風險和憂慮。撒萊認為，只有上帝的應許並不足夠。她無法坐下來等著看上帝如何與何時執行自己的應許。撒萊想有安全感，想**知道**事情發生的方式和時間，甚至想**控制**事情發生的方式和時間。撒萊未預備好用上帝的方式做事，卻想插手與上帝談判。「上帝，好的，你想成就甲這件事，但明顯這方程式欠缺乙這因數，所以我認為我們應循丙這路線，這樣祢我就很有機會可以成功。」在這點上，我們可恰當地說，撒萊試圖努力治好不育的傷痛的這一做法，相當於在「扮演上帝」。然而對於聽見上帝不合情理的應許而發笑的撒萊，仍要學習在上帝並**沒有**難成的事。撒萊的行動事實上表現出不信，她口口聲聲說自己是為上帝和祂的旨意而作事，實際上卻是不肯面對在她人生的這一刻，上帝究竟是一位怎樣的上帝所包含的含義。在故事後面的部分，撒萊不信的毛病將得到醫治，但此刻上帝由得她自作主張，透過經歷難處來學習；因為正是這同一個「合理」和可駕馭的計策，導致接下來撒萊和其他人都十分頭痛和苦毒。

這故事沒有指出這種代母的安排有何不尋常的地方，但從婢女的角度來看，肯定會覺得超過了對她工作的要求！但在這故事中，經文沒有交代夏甲對此事的感受，後來夏甲發現自己確實懷了亞伯蘭的骨肉，我們才讀到「〔她〕就小看她的主母」。這句話顯得異常緊張，短短數字就表達出很多意思。社會地位發生錯置，夏甲有些應對不來，作為婢女，她竟被帶到主母的牀上；並非偷偷摸摸、逢場作戲的那種，而是公開受她的主母指使，因夏甲可帶給亞伯蘭的東西，是撒萊即使有錢又有社會地位也不能給予的。難怪當夏甲身懷六甲，人人也知道她懷有身孕後，她會感到有一種勝利感。奴婢和主人的地位如此明顯倒轉過來，這種事不常發生；即使整件事是撒萊出的主意，計劃也成功了，撒萊卻自食其果，這實在有夠諷刺。撒萊將另一個女人送上自己丈夫的牀，看見對方不費吹灰之力便能懷孕，自己卻苦等了這麼多年，年復年只有空等，這一切痛苦超過了生理和生物上的層面。夏甲產子，撒萊的欠缺感非但沒有緩和，反而更進一步加劇。人人也知道，原來問題一直出在撒萊身上。而撒萊的婢女跟著她在家中四處走，流露輕蔑的眼神，無疑是向撒萊心靈的傷口上灑鹽，叫她不能忍受。從這處起，故事開始變質。撒萊作了以為是對她丈夫和婚姻最有益的事，當下卻強烈感到她作妻子的地位被人取代了。隨著夏甲的肚子愈來愈大，撒萊受到的審判也加大十倍，而且眾人皆可見到。

撒萊向亞伯蘭申訴這一切時，亞伯蘭最少可以向她肯定，他經過了這次代母的事件，感情上並沒有出軌。亞伯蘭沒有對夏甲表示傾慕，或與她發展出任何戀情。「使女在你手裏，你可以照你看為好的對待她。」這句話並非故事中令人感動的一刻！撒萊抓住亞伯蘭這句話，馬上設計要將夏甲打回原形，要清楚表明夏甲不過是人肉試管，她在家中的權力位置決無更改。接著我們讀到：「撒萊苦待她。」（十六6）

經文一筆帶過，但我們可想像那段情節必定很殘酷無情，因夏甲身懷六甲，又沒有其他支持或求生的方法，但仍決定不但要離開亞伯蘭的牀，更要離開亞伯蘭的家，跑到危機四伏的曠野。夏甲落荒而逃，究竟想走到哪裏去？她大概沒有頭緒，也沒有細想。通常痛苦和傷害變得無法忍受時，我們乾脆會逃避痛苦的根源，不會停下來思想自己逃跑的方向。經文在這處告訴我們，「耶和華的使者……

遇見她」(十六 7)在一個水泉旁邊歇息。留意天使向夏甲說的話如何迫使她考慮自己在亞伯蘭家中的恰當身分，以及面對所遭遇到的事:「撒萊的使女夏甲，你從哪裏來?要往哪裏去?」(十六 8)夏甲近來必定對自己的身分感到有點迷惘，短時間內由婢女搖身一變成主人的枕邊人，又搖身一變成待產婦。但剎那間，夏甲得重新面對殘酷的現實，遭遇奴婢可能受到的最差勁的對待——如連環炮轟般的語言虐待(甚至身體虐待)，直到她再也忍受不住。我們可以想像在那段期間，撒萊有多少次大聲呼喝夏甲，罵道:「你以為自己是誰?!」夏甲可以怎樣回答?她現在到底**是**誰?奴婢?情婦?因姦成孕的受害者?妾士?放蕩的女人?母親?撒萊的情敵?爭奪家產的女人?夏甲沒有要求這些身分，不奢望得到，也沒有爭取。夏甲情願也好，不情願也好，這些東西都是別人強加在她身上的。不管夏甲過去是誰，適逢近來發生的巨變，當下她需要有人清楚肯定她的身分，使她可以釋然地**做回**自己，而不需感到歉疚。所以，天使的話令人情緒激盪:「撒萊的使女夏甲，你從哪裏來?要往哪裏去?」這幾句話既作出肯定，又發出挑戰;既是建立，又是質問。這幾句話並且要開始修復撒萊因試圖扮演上帝而破壞了的秩序。夏甲是撒萊的婢女:並非她的情敵，也不與她同等，更不可取代撒萊。夏甲現在適宜回家去，順從撒萊，恢復夏甲在亞伯蘭家中的本位。

當然，事情不可能再一模一樣，他們都要承受這不明智的**三角關係**所帶來的明顯後果。夏甲肚裏的孩子不會突然消失：那嬰孩帶有亞伯蘭的基因，長大後會有亞伯蘭的眼睛、笑聲、咳嗽聲，或其他希伯來人的特徵。簡而言之，那嬰孩會被辨認為**亞伯蘭**的兒子，是亞伯蘭的一部分。這點無法改變，也不容易應付，因那嬰孩**永遠**不會是撒萊的兒子，永遠不會是**她和亞伯蘭**的兒子。相反，這孩子會成為他們夫婦的傷痕關係中一塊活生生的砲彈碎片，扭曲他們對這段慘痛經歷的回憶，更肯定會驅使撒萊往後多年依然憎恨夏甲。在夏甲看來，情況實在糾纏，甚至令人極度心寒。固然，最好的方法是夏甲繼續逃走，逃避這遙遙無期的亂局；抑或，夏甲可以選擇墮胎。在窮途末路中，夏甲甚至可能祈求上帝使她流產，解決這非她所求所想的根源所惹來的一切麻煩。在我們的時代，夏甲無疑可認真考慮「事後避孕丸」的好處，或想辦法籌錢到一間安全的私人診所解決掉這問題。

這故事中，扮演上帝的情節已有很多，然而天使清楚指出，即使這骨肉是因秩序的破壞而生，也能得到救贖。上帝能把我們最愚蠢的主意和所帶來的惡果化成祝福。所以，在夏甲感到最孤單、迷惘、被棄的一刻，她得著了上帝的應許；這與上帝賜給亞伯蘭的應許很相似，但我們事後得知，這並**不是**相同的應許，而是上帝特別為夏甲的權利所作出的應許。這祝福可以說完全是恩典，而不是出於實效的考慮。撒萊和亞伯蘭想利用夏甲來確保上帝應許的祝福臨到。上帝確是仍會賜下祝福，即按照祂的時間，和祂出人意外的方式，但**上帝**沒有計劃用夏甲來達成這目標。某種意義來說，夏甲和這糾纏不清的情況都不是上帝所要求的，這糾紛的結果不是上帝製造出來，而是撒萊對上帝信心不夠而來的副產品。儘管如此，上帝能夠，也願意救贖和祝福這孩子。以實瑪利的後裔將會極其繁多，不可勝數。在這事上有一很驚人的諷刺。可以說，上帝同時既介入了、又沒有介入撒萊精心編排的佈局。按計劃，夏甲懷孕了。按計劃，夏甲為亞伯蘭生了一個兒子為後嗣。這兒子看來確實會根據上帝向亞伯蘭所發的應許，成為眾人之父。就如以實瑪利這名字的意思所指，上帝確實聽見了一切所發生的，並已作出回應。所以，表面上看來，撒萊的計劃成功了。

到了時候，以實瑪利在亞伯蘭的家中出生，作亞伯蘭的兒子和後嗣長達十三年。雖然以實瑪利從嬰孩長大至少年時，肯定招來撒萊妒嫉的眼光，局勢也必定異常緊張，但一切尚算進展良好。直到亞伯蘭九十九歲的時候，卻發生了意想不到、幾乎令人難以置信的事情。撒萊(現已改名為撒拉，比起前面穿插的經文，現在的她當然更年老了)發現自己懷孕了！上帝出手破壞人的精心佈局，上帝的恩典以最令人窘迫的方式介入我們不敬虔的謀略中，提醒我們，我們每次依靠自己，不以上帝為中心所要付上的代價。雖然上帝接納以實瑪利，但以撒作為真正的繼承人、應驗上帝賜給亞伯蘭的應許的一位，終於根據上帝的旨意，按照祂的時間和方式，在第二十一章首度登場。

不管他們如何替這嬰孩起名，我們可想像當夏甲聽到撒拉懷孕或生下以撒時，實在難以喜笑。儘管人人在以撒斷奶的慶祝會中都喜氣洋洋，但夏甲必定覺得難以投入其中。對夏甲來說，那一天決不會是好日子。始終，由於夏甲先前生下亞伯蘭惟一的兒子和後嗣，亞伯蘭或他家中的其他人才對她另眼相看，但時移勢易，夏甲已失去她惟一的保障。夏甲定會想到，甚至已開始懼怕她自己和以實瑪利現在一定會遭到冷落，在這重新建立的幸福家庭中，成了絆腳石、騷擾者，甚至被當成威脅。

以實瑪利本身似乎少不更事，見到初生的以撒，就興奮不已，暫時不顧少年人所看重的「有型」表現，沒有顧忌地將以撒放在膝蓋上，逗他發出咯咯笑聲。以實瑪利天真自然地對這嬰孩流露出愛和滿足，在撒拉眼中看來，卻觸動了她十三年來的敵意和憎恨，令她忿怒達到頂點。經文不加修飾，反映出撒拉病態的偏見——將以實瑪利稱為「埃及人夏甲的兒子」，好輕易就忘記了以實瑪利也是以撒的哥哥。撒拉接下來的舉動，究竟純粹是條件反射（出自潛藏在她內心已久的積怨，現在已忍無可忍），抑或是把握時機，抓住一個她等待已久的藉口，實在很難說。撒拉這樣做，是否出於惟利是圖的計算，確保以撒將來得到所有家產，不必與他同父異母的哥哥平分（以實瑪利已是少年，很快便到達可分家業的年紀）？還是純粹是出於妒嫉怨恨，甚至是懼怕這埃及女人和她的兒子最終會奪去亞伯拉罕的愛？經文沒有告訴我們，而從夏甲的角度來看，實情是怎樣也沒甚分別，實際結果仍是一樣。撒拉對亞伯拉罕說：「你把這使女和她兒子趕出去！」（二十一10）雖然亞伯拉罕不忍心這樣做（以實瑪利始終也是**他**的兒子、且是長子），但也認為這大概是最伶俐的做法。亞伯拉罕為失去兒子而難過，又擔心這兩母子的幸福，但上帝應許亞伯拉罕：「你不必憂愁，由得他們走吧。應許會透過以撒而得以成就。而我也會照顧以實瑪利。」這才令亞伯拉罕稍為放心。一如以往，不理會行為表面上帶來的結果，不顧念別人有何看法，亞伯拉罕信靠上帝，為這兩母子收拾幾件可攜帶的行李，就打發他們出去，把撒拉過去與他們之間的恩怨那無法背負的後果都帶到曠野去。

夏甲和兒子以實瑪利漫無目地四處走動，沒有目的地，也沒有可投靠的人。很快，他們的食水便用盡。當這兩口子愈來愈虛弱之際（這情景我們不難想像，與電視節目的橋段實在很相似），心碎的母親於是將脫水的兒子放在一小處僅僅找到的樹蔭底下，等待送他最後一程。就在這時，正當夏甲感到極度傷心失落，被迫聽著自己垂死兒子的淒厲哭聲，夏甲重新發現從前在曠野中上帝賜給她的應許；這應許在死亡與絕望的環境中可帶來生命，這應許是夏甲已遺忘的，需要天使重新提醒。「『起來！把童子抱在懷中，我**必使**他的後裔成為大國。』上帝使夏甲的眼睛明亮，她就看見一口水井，便去將皮袋盛滿了水，給童子喝。」(二十一 18～19)所以，夏甲的故事最終大團圓結局，儘管夏甲在亞伯拉罕家中所遭遇到的傷害和不公平待遇，很大程度上仍未處理。但諷刺的是，雖然以實瑪利經歷了這些，但他長大後很喜歡曠野，終生一百三十七年都住在曠野。時候到了，夏甲就為以實瑪利從「家鄉」娶了一位好女子，(二十五章告訴我們)成為散住在哈腓拉到書珥之十二支派的族長。但創世記二十一章20節已告訴我們至此最為重要的事：上帝與以實瑪利同在。似乎，母親之間的怨恨和敵意沒有轉移給兒子，實在很有意思。我們讀到，亞伯拉罕死後，「以撒、以實瑪利把他埋葬在麥比拉洞裏……亞伯拉罕和他妻子撒拉都葬在那裏」(二十五 9～10)。即使最根深柢固和苦毒的家庭恩怨，只要永生上帝介入其中，就不必然會延續惡化至下一代，而能得到救贖。

這故事教訓我們要小心，不要以為用自己的計策來成就上帝的旨意，會比用上帝自己的方法來得更好。我們常常傾向會這樣做，只是做的時候，自己並不察覺，甚至做了也不自知。上帝的應許或命令臨到我們時，我們清楚聽見了，卻沒有停下來查問應用甚麼方法去完成。反而，我們馬上採取自己以為是最顯而易見的方法行事。也許，我們都好像撒萊一樣，受自己所聽到的話打擊，想像力瀕臨崩潰，難以相信上帝確實會與我們一起，並為我們成就祂最初似乎向我們所應許的事；所以我們把事情按比例縮減到可駕馭的地步，以切合自己的期望，變成我們看為可信及人能力所及的限度。我們這樣做的話，就是匆匆尋求自己更能駕馭的計劃，追求較沒大志的目標，運用自己僅有的資源，暗地裏擔當起監工的角色，憑自己建立自己的生命。這故事提醒我們，上帝可能會由得我們自作主張；但我們可能在接下來很長的時間（也可能是一輩子）裏要承擔後果。上帝可彌補任何我們在生命中闖出來的禍，但我們更謹慎的做法是一開始便懸崖勒馬，判斷好形勢。我們需要信靠上帝，不單接受上帝所賜的應許，更要容許上帝在我們裏頭工作，又透過我們逐步實現祂的應許（要用上帝的方法而不用我們的方法），即使（**尤其**）是當上帝的應許看來遙不可及，超過人的可能或合情合理的期望，甚至令人發笑。

禱告

生命的主，

祢叫世界從無變為有，

叫撒拉在年老的時候懷孕，

叫馬利亞未曾親近男人而生子，

叫祢被釘十架的兒子在第三天從死裏復活，

又應許叫萬物都更新。

祢的應許把我們的想像力推至極限時，

請賜我們信心領受，信靠祢的應許會得實現。

阿們。

2

……在人生路上孤單之時

（創二十八10～22）

雅各是一位舊約的人物，在上帝對全世界的旨意中擔當關鍵的角色，卻又與我們極其相似，並非住在我們想都沒想過的屬靈溫室裏，而是生活在人生的日常經歷中。雅各像我們一樣，有時辦事得力，有時卻搞成一團糟。但最激勵我們的，就是雅各縱然不配，仍發現在自己所有不同的人生經歷中，上帝都與他同在，並最終帶來決定性的改變。

創世記二十八章的故事，講述雅各如何首次發現上帝是他的上帝。雅各之前並非不認識上帝，他在以上帝為中心的家庭中長大，但至此他所認識的上帝，就只是他家庭的上帝：他父親以撒的上帝、他祖父亞伯拉罕的上帝。所以，上帝在夢中向雅各說話時，介紹自己是「你祖亞伯拉罕的上帝，也是以撒的上帝」。但上帝這樣說，乃是為告訴雅各，祂也要成為雅各的上帝。這事發生在雅各人生的這一點上，並非偶然。我們這故事一開始，講述雅各一生中首次離家遠行。事實上，雅各在逃命，因他哥哥以掃正惱怒他，以致雅各害怕以掃會殺他。雅各的母親間接導致雅各遭遇這窘境，她為他安全的緣故，便為他收拾行裝，打發他速速前往直線距離五百里外的親戚住處。面對未知的將來，這旅程實在令人畏懼。雅各一生中首次獨自上路，無依無靠。所以，雅各此時如要經歷與上帝更真實的關係，他與上帝的關係就必須改變。如果雅各離家後想重新發現自己，發現自己在孤單陌生的新世界中可以變成怎樣的人，那麼，雅各也必須尋找上帝成為他自己的上帝，在這段他要獨立自處、學習如何重新適應新生活的時間，有上帝與他同在。

雅各自己沒有想到這點，也沒有主動尋求上帝，卻是上帝主動尋找他——在夢中尋找他。我們也許能追溯到夢，也許不能。我們大多數人大部分時間都不會留意自己的夢。我們很少會記得自己的夢，除非要做心理分析，否則通常不會刻意回憶夢的內容。但有時候，夢卻會大大影響我們，叫我們留下深刻印象。我們一生中也許會記得兩、三個奇怪而重要的夢，那些夢似乎向我們處於那一刻的人生直接說話，極其情詞迫切，叫我們留下深刻印象。直到人生到了另一階段，回顧過來，才發現那些夢蘊含的意義成真了。雅各就是造了這樣的一種夢，而且有過之而無不及。雅各醒來後，這夢充塞他的腦袋，賦予他人生新異象，使他畢生難忘。在這夢中，上帝向雅各說話。不論我們大部分的夢（那些我們想不起的夢）到底有何功能（專家仍沒把握作出定準），從雅各的故事中我們可以明白，何以上帝有時會在夢中向某人說話。我們在夢中會神奇而有意識地感到自己某些最深層的感受，可能是我們清醒時不允許自己感受到的。即使非常罕見，但夢有時可告訴我們在人生關鍵時刻自己正身處何方。上帝在夢中向雅各說話，也許是因上帝可透過這方法，處理雅各至此仍不很意識到的東西：就是他剛剛發現的孤單感和不安感，並他之前從不曾需要面對的全新未知的將來。上帝不但在夢中向雅各說話，還賜下一個夢的意象——我們大多數人只有在夢中才經驗到這種質素的畫面。這意象讓雅各留下深刻印象，並改寫了他的想像；這意象描繪出上帝從今開始在雅各餘下的人生中將會有何意義。

我們大概不會每天早上起來也沉思自己的夢，看看其中有沒有這類的意思。大多數的夢到底有沒有意思，是否值得留意，實在令人存疑。意義重大的夢，即使我們不去刻意想起，也肯定不會忘記。上帝在夢中向我們說話，這種罕見的夢一旦發生肯定不會弄錯，正如雅各所造的夢一樣。但我們不必依賴這樣的夢，因上帝可用各式各樣的方法向我們說話。上帝用多采多姿的方式賜給我們改變生命的意象。我們不必指望有從上帝而來的夢，儘管我們也可能會得著。我們應預期在平凡生活中，按著上帝所選擇的任何方式與祂相遇。

雅各在夢中看見的意象，大概不是梯子(如大部分譯本的譯法)，而是樓梯級。我們不必想像有一羣天使站在一把梯子上，上去下來時你推我擠地營造很多驚心動魄的場面，這詞在希伯來文也可指到樓梯級。雅各極可能是見到一排很寬闊的石梯級，從人造的假山築起，一直向天伸展上去。這些假山稱為階梯式廟塔(ziggurat)，慣常由古代美索不達米亞的人興建。當時的人相信眾神明住在宇宙山之顛，高及天界。所以，美索不達米亞的人要在廟宇裏敬拜諸神，就會建造一個巨大的土墩，再在其上興建諸神的廟宇，好叫諸神可住在廟內。人們可以攀登廟宇的梯級，登上土墩之頂，敬拜神明。如果雅各認得這意象(他也許認得，因他祖父亞伯拉罕來自美索不達米亞)，那麼，雅各自然會望向梯級的高處尋找上帝。但雅各的夢之所以驚人，就在於上帝不在梯級的頂部，而是在梯級的底部。上帝站在雅各旁邊(譯按：請參考創世記二十八章13節)。雅各不用登上陡峭難攀的梯級，才能得見上帝，也不必靠天使擔當傳話的使者，才能與上帝溝通。不，上帝親自走下梯級，垂頭望向睡在祂旁邊的雅各。

因此，當上帝向雅各說話，講到這段話最關鍵的一句「我也與你同在」時，上帝確實說得出、做得到。上帝不遠在天邊，而是在地上與雅各同在。雅各醒來，驚訝不已，滿腦子仍想著這夢，便說：「這不是別的，乃是上帝的殿。」雅各的意思是：這是上帝的家，並不只在天上，也正在我睡覺之處的地方。所以，雅各把所枕首的石頭立作柱子，定出上帝之殿的位置，又給那地方起名叫伯特利，就是「上帝之家」的意思。但這樣仍未觸及這夢最深層的意思，那地點只是象徵上令人想起上帝曾經臨在。上帝的同在其實不限於任何一處地方。論到這個夢的重點，與其說上帝臨在伯特利，不如說上帝臨到雅各所在之處。上帝與雅各同在，無論雅各到哪裏去，上帝都會與他同在：「我也與你同在，你無論往哪裏去，我必保佑你。」（二十八 15）上帝向雅各發出的信息，不是發給要在伯特利落腳而就近就有殿可敬拜上帝的雅各。上帝的信息是發給在旅途上的雅各。自此以後，雅各枕首的地方都會是「伯特利」。從今開始，雅各人生的座右銘，就是上帝與他同在。上帝現在是他的上帝。

雅各發現上帝與他同在，這大概是人所能發現最重要的事實。這發現會改寫雅各的一生。

雅各在人生這時候尋見上帝（或被上帝尋見），有兩方面值得我們再加反思。第一，雅各才剛剛展開這漫長又危險的旅途，前程未卜，上帝就在這時向他顯現。就像當時所有的旅人一樣，雅各沒有地圖。雅各知道自己要往何處去，但大概只是依稀記得方向，在路途上要不斷向人問路。更重要的是，雅各不知道自己若找到幾百里外的親戚之後，究竟會遭遇甚麼事。空間上的旅行，必然也是時間上的旅行，雅各當下沒法把握將來。對於要面對未知而令人畏懼的將來，對他來説，這是全新的處境。雅各一向以為自己能掌握將來，出人頭地，甚至不惜欺騙他的哥哥，為要確保得到自己想要得到的將來。現在，雅各卻面對無法控制的將來。

空間上的旅行，也是時間上的旅行，所以很多人常會把人生比作旅程。人生如同旅程，我們卻沒有地圖，想起就令人心寒。我們可能覺得興奮，或可能嚇得木訥。其中一種回應方式，就是把將來想像成一片廣闊的公開領域，我們可在其中任意選擇去塑造自己和自己的人生。我們可計劃將來，然後去實現將來。這是現代性的意識形態，認為我們極有信心自己有能力達成目標，控制將來。這種想法蘊含幾分真理在其中，卻沒有承認我們的將來到底如何發展，除了由我們自己所做的事來決定，也最少同樣是由發生在我們身上而我們不能控制的事所決定。事實上，人生中很多歡樂的時刻，都不是由於我們成就了甚麼，而是來自我們所領受、令我們意想不到、獲得自己不配受的喜悅的純粹恩典。

另一種回應我們踏上沒有地圖的旅程的方法，就是乾脆打消要尋找目的地的念頭。後現代性的意識形態否定我們可將人生理解成故事，有開始又有終結。人生不過是一連串的碎片、一連串的「現在」，我們置身其中玩耍，不必思慮將來。人生短暫，但不是旅程。一切都必不存留，我們甚麼地方也去不了。

雅各發現上帝與他同在，明白縱使前路不太明朗(因他沒有旅程的地圖)，有兩點卻是可以肯定。第一，無論他往哪裏去，上帝也會與他同在。第二，上帝會實現所賜給他的應許。雅各的前途不在自己手中，而在慈愛和永生的上帝的手中，這位上帝現在已是雅各的上帝。

所以，雅各的故事鼓勵我們將自己的人生視為與上帝同行的旅程。但我們還需要思考雅各這經歷的第二方面。雅各睡在石頭上，獨自一人。某種意義來説，雅各並非不習慣孤單。雅各是牧羊人，一定有很多時間要留在田野，與羊為伴。但在伯特利，雅各經歷到更強烈的孤單感，突然失去人生至今所建立的所有關係。雅各失去一向熟悉的家庭環境所賦予的安全感，當下變得無依無靠。人是否必先要這樣孤單(不必然等於寂寞)，才能在伯特利經歷到上帝？

這故事向我們指出發現上帝與我們同在很重要的一面。在我們每個人裏頭都有一份根本性的孤單感，是人之所以為人的部分意義所在，這份感覺對我們總是很真實。你不一定要先經歷一般的孤單，才能經歷這種根本性的孤單，但你可能要先經歷雅各這樣的孤單，才會意識到這種人類狀況的根本真相。重點是說，即使在最親密的人際關係中，彼此深深地進到對方的生命裏，但某程度上仍有一部分的我是你所無法靠近，有一部分的你是我所無法靠近的。這份感覺就是人類根本性的孤單感，就算我們的關係有多密切，這份孤單感都不會消失，也不可能消失。有些人設法要消除這份根本性的孤單感，反而摧毀了最深入的人際關係。有些人覺得這份根本性的孤單感十分可怕，就一生試圖不去省察，但這樣做只會令生命變成空殼，內裏隱藏著空虛。

不過，雖然其他人無法靠近我們人類這孤獨的核心，上帝卻可以靠近。上帝之所以為上帝，某程度上來說，是由於上帝可以臨到一切受造物的內心最深處，是受造物彼此無法進到的地方。就在雅各無可逃避的孤單中，上帝應許與雅各同在。對很多人來說，他們經歷好像雅各一樣的孤單時，就發現上帝與自己同在。人在這種經驗中不能逃避，而是必須正視那份根本性的孤單感，因為這實際上才是做人所要面對的基本真相。我們可能不像雅各一樣在肉身上感到孤單，但若發生一些事，揭露了我們內心的孤獨，那份孤單是任何人際關係也不能彌補的。我們明白到，正如有人這樣說，「別人不總是可以常在我身邊」。即使我們擁有最美滿的家庭、最完美的婚姻、最親密的友誼，到最後還是得承認「別人不總是可以常在我身邊」。我們現代的社會鼓吹稍縱即逝的關係，在這樣一個不想長遠委身，恐怕被縛死，總是嚮往可自由自在隨時重新起步的文化中，很多人在依稀感受到那份人類根本性的孤單感時，就馬上用稍縱即逝的事物作避難所，過著吃喝玩樂的表面生活。但如果那份孤單感能夠變成伯特利，從而發現上帝與我們同在，那麼，我們從前所認識的亞伯拉罕的上帝、以撒的上帝，就會成為雅各的上帝、我的上帝、你的上帝、與我們同在的上帝，並非任何人所能相比。

這樣聽來可能很個人主義，但這既是又不是事實。睡在石頭上，夢見那我們也想一同分享之夢的，就只能是雅各，不能是別人。我們都必須認識上帝為自己的上帝，而不只是別人的上帝，但這位上帝也是我們與別人分享的上帝。我們在根本性的孤單中遇見的上帝，也可在一切經歷、一切關係，在上帝所創造又充滿的一切中遇見祂。雅各後來也會明白這點。當我們如同雅各在伯特利遇見上帝，我們便不會再嘗試用其他人和事物代替上帝，來填補我們內心的空虛。我們可以開始真正關愛別人。

伯特利只是雅各與上帝同行的旅程起點。就我們所見，雅各的性情仍未改變。雅各仍是老謀深算之人，騙取了哥哥的長子名分和祝福。雅各仍要面對他自己一手造成的家庭亂局，（創世記的故事告訴我們）他後來確實面對了。但假如雅各沒有一開始就發現上帝白白的恩典，應許與他同在，他就根本無力面對這一切。上帝在伯特利不是向雅各說：如果你改變自己，我就與你同在。或者，只要你行事為人比從前做得更好，我才與你同在。上帝只是說：「我**也**與你同在，你無論往哪裏去，我**必**保佑你。」雅各還有很遠的路要走，但從伯特利開始，上帝一路上與他同在，而那將會改寫一切。

耶穌應許門徒會有伯特利的經歷，他說：「我實實在在地告訴你們，你們將要看見天開了，上帝的使者上去下來在人子身上。」（約一51）換句話說，耶穌自己會成為連接天地的階梯，不只是門徒可透過這階梯攀到天上，上帝也可透過這階梯臨到我們。耶穌是上帝與我們同在的道成肉身。我們在平凡生活中尋見耶穌，就是尋見上帝。

詩詞

湯姆森（Francis Thomson）所寫的詩《沒有異鄉》（*No Strange Land*）解釋了這主題，指出伯特利可以是我們身處的任何地方：

噢，不可見的世界，我們看見你，
噢，不可摸的世界，我們觸摸你，
噢，不可知的世界，我們認識你，
不可理解的，我們緊握你！

魚兒可要升騰，才能找到海洋？
老鷹可要俯衝，才能尋見空氣？
我們可要問流動的星星，
曾否聽聞你在天上？
不在斗轉星移暗淡無光之處，
也不在我們麻木的想像之內！
我們聽的話，小齒輪滴答的聲音，
在我們自己塵土封閉的門內跳動。

天使守住自己古時的地界，
變成石頭，有了翅膀！

「那是你們」，是你們陌生的面孔，
錯過那許多絢麗的東西。

但是（當你悲傷到不能再悲傷）
哭吧；因著你的損失慘重，
因而得見雅各的天梯。
屹立在天國與殘破的十字架之間。

是的，在夜間，我的靈魂，我女兒，
哭吧；抓緊天堂的衣襚；
看哪，基督在水面上行走，
不是行在革尼撒勒湖，卻是行在泰晤士河！[1]

3

……在盡力而為之時

（撒上十七章）

第十七章大約位於撒母耳記上的中間部分，前面的篇章交代了經文的背景和初步資料，而第十七章則可清楚見到撒母耳記上的主題：大衛在以色列勢頭漸大。撒母耳記下講述大衛王如何統治以色列，撒母耳記上則講述他怎樣登基為王。從撒母耳記上的角度來看，這故事更是關於上帝如何促使自己揀選的人、就是「合上帝心意的人」（撒母耳曾如此稱呼大衛，參撒上十三 14），取得權勢統治祂的子民。可以說，這人會代表上帝用上帝的方式治理百姓。第十七章記載的大衛與哥利亞之戰，肯定是大衛興邦立國的故事中最廣為人知的情節，但我們要按照上下文來讀這故事，我們需要了解撒母耳記上如何表達上帝揀選大衛統治自己子民所帶有的目的。撒母耳記上差不多一開始便交代上帝這樣做的心意，這可見於哈拿的詩歌中（二 1～10）。這首詩歌屬於哈拿自己和她兒子撒母耳的故事，但也構成某種神學序言，點綴全書餘下將要敘述的故事。

這首詩歌描述即將參與在大衛故事中的上帝是怎樣的

上帝，形容這位上帝會行怎樣的事，會帶著怎樣的心意：

只有耶和華為聖；
　　除他以外沒有可比的，
　　也沒有磐石像我們的上帝。
人不要誇口說驕傲的話，
　　也不要出狂妄的言語；
因耶和華是大有智識的上帝，
　　人的行為被他衡量。
勇士的弓都已折斷；
　　跌倒的人以力量束腰。
素來飽足的，反作用人求食；
　　飢餓的，再不飢餓。
不生育的，生了七個兒子；
　　多有兒女的，反倒衰微。
耶和華使人死，也使人活，
　　使人下陰間，也使人往上升。
他使人貧窮，也使人富足，
　　使人卑微，也使人高貴。
他從灰塵裏抬舉貧寒人，
　　從糞堆中提拔窮乏人，
使他們與王子同坐，

得著榮耀的座位。(二2～8上)

這位上帝無與倫比，不會因人自命不凡而被打動，因上帝自己超越所發生的一切，有能力介入人間的事，並帶來改變。這位上帝專長顛倒事物當下的秩序，善待弱者、無助者、被邊緣化的人和窮人；挫敗有財有勢、自高自大、自鳴得意的人。從這角度來看，我們可見大衛和哥利亞的故事正是上帝如何在人間行事的典型模式。這位上帝行動時，「勇士的弓都已折斷；跌倒的人以力量束腰」(二4)，就像在第十七章，上帝把勝利賜給一個微不足道的牧羊少年，而挫敗那大有能力的巨人，因他自恃必會獲勝。人們一般認為世事不是這樣運作的，但對於認識這位上帝的人看來，事情如此發生並不足為奇，因這位上帝是以色列的上帝、是哈拿的上帝，決意要顛倒世界的價值觀和優先次序。大衛和哥利亞之戰，以及整個撒母耳記上的故事，都呈現出以色列的上帝行事的特色：上帝善待微不足道的小國以色列，又善待微不足道的少年大衛。上帝同時升高他們：大衛升高為王，以色列受大衛統治下，亦升為當時的世界大國。

哈拿的詩歌除了描繪出上帝的性情和作為，也引導我們預期接下來的故事會論到一位上帝所揀選的君王。由於哈拿的時代仍沒有君王，哈拿的詩歌結尾提到耶和華要「將力量賜與所立的王，高舉受膏者的角」（二10下；這是希伯來詩歌的平行結構，第二句複述第一句的內容），就令人有點意外。當我們繼續閱讀下去，就會發覺這句話更令人驚訝，因以色列要求立王時，上帝並不希望他們立王。先知撒母耳警告百姓立王所會帶來的種種惡果，但百姓仍堅持立王，好叫他們能像其他國家一樣。因此，上帝讓步，揀選掃羅作他們的王（八～十章）。事實上，掃羅非常成功地履行了其他國家的君王為自己人民所能作的事：掃羅帶領百姓抵抗敵人，戰無不勝。可是，掃羅不討上帝喜悅，反而成了以色列君主政體失敗的起始，於是上帝要另外揀選合祂心意的大衞，從頭做起。大衞要與眾不同，有別於其他國家的君王。大衞要糾正君王制度的灰色地帶，用上帝的方式治國。大衞不可像其他國家的君王又欺壓、又剝削自己的百姓；大衞作王後，要好像上帝一樣，鋤強扶弱，打擊剝削，撥亂反正。用哈拿之歌的說法，大衞本身就是上帝從灰塵裏抬舉的貧寒人，將來成為受膏的君王後，便要懷著體恤窮人的心治國，從灰塵裏抬舉貧寒人。我們後來在詩篇和先知書中會找到這種對以色列君王的典範。這就是為何上帝揀選大衞，意想不到地抬舉他接替掃羅作王。

我們了解這背景後，便可進到第十七章的故事。以色列人與非利士人交戰。在全卷撒母耳記中，以色列人從頭到尾都與非利士人交戰。非利士人(Philistines;這字後來衍生出巴勒斯坦〔Palestine〕這字)橫渡地中海而來,入侵巴勒斯坦,起先定居在沿岸的平原。非利士人是好勇鬥狠的侵略者,不斷試圖侵略以色列人所管轄的區域,奪取巴勒斯坦的心臟地帶,就是猶大地。第十七章的戰鬥在邊境發生,非利士人要入侵以色列的國境。

很多現代的基督徒很容易會擱下這帶有戰爭色彩的故事(大衛的故事幾乎都帶有戰爭色彩),不傾向從這類經文中學習任何關乎我們與上帝關係的教導。無可否認,這些以色列史的篇章確實充滿暴力血腥,今天只有少數對福音的價值觀敏感的基督徒能接受這種戰爭。然而,同樣不可否認,撒母耳記上描繪這些事件時,是把上帝描寫成主動站在自己子民的一邊,幫助他們抗敵。兩方面的考慮,可能對我們會有幫助:第一,這幾章經文不旨在教導倫理,我們從中不會學到有關戰爭的道德觀。但第二,這些經文見證上帝與祂的選民以色列互相牽連的程度,上帝揀選以色列,委託他們非一般的使命,就是要在萬國面前見證這位獨一真神。上帝首先成為這中東小民族的上帝,從而成為萬國的上帝,乃是上帝為了祂的世界而謙卑自己,甘心降卑。當時的時代蠻荒戰亂,上帝就是在那段時期親自認同以色列人。上帝沒有將自己的子民抽離那種處境,因此為要真正與自己的子民同在,上帝也同樣不能叫自己抽離那種處境。我們考慮了這兩方面，可能仍會對這段經文感到困惑，但只要我們明白撒母耳記上記載的血腥屠殺不是可效法的先例，而我們也決不需要認同所有自己讀到的經文，就可預備好從這些故事中明白到上帝怎樣與自己的百姓交往。

在第十七章，以色列人和非利士人的營壘彼此相對，中間相隔一道河谷。巨人歌利亞差不多昂藏七尺，從非利士人的營中出來，向以色列的軍隊罵戰。故事仔細形容歌利亞身上的武裝，因這描述對大衛與歌利亞之戰意義重大。歌利亞從頭到腳都披甲上陣，手握一支銅矛和一支巨大的槍桿。有一個拿盾牌的人走在歌利亞前面，在他前邊舉起盾牌，叫歌利亞可以空出雙手揮動武器。歌利亞看來無堅不摧，令人心驚膽戰。歌利亞站出來罵陣，挑釁以色列軍派出一人與他單打獨鬥，用這方法決定兩軍的戰果。歌利亞天天來叫罵，罵了四十天，卻全無動靜，而非利士人也放心由得以色列人的士氣一天比一天低落，因沒有一個以色列人敢出來迎戰。也許只要歌利亞再多幾次重施故技，以色列人大概便會知難而退。

不只以色列軍被嚇得潰不成軍，他們的君王也被嚇得六神無主。掃羅一向戰無不勝，功無不克，現在受歌利亞威嚇，竟畏縮不前。掃羅一定想過自己好不好出去迎戰，始終他長得高大，比大多數的臣民都高出一個頭（比較九

2）。我們豈不會期望，掃羅作為上帝所膏立的君王，既知道上帝與他同在，又與他的軍隊同在，就應鼓起勇氣來？可是，我們從前一章得知，掃羅失去了上帝的嘉許，不再有信心上帝會幫助他。事實上，掃羅的軍隊士氣低落，軍心惶惶，似乎沒有一人想起上帝。這是一隊必敗之兵，其領軍之將不再有信心和魅力去領兵和重振士氣。只有大衛可扭轉這局面。

戰場離開伯利恆只有幾里，大衛一家就住在那裏。大衛最年長的三位哥哥都已參軍。排第四至第七的哥哥沒有參軍，可能是由於年紀太小或訓練不足，至於八兄弟中最年幼的大衛，就更不用說了。不過，大衛的爸爸叫大衛前去軍營，給他的哥哥運送食物。以色列軍是一隊民兵，士兵需要自給自足。

大衛聽到有關歌利亞的事後，便說：「有人殺這非利士人，除掉以色列人的恥辱，怎樣待他呢？這未受割禮的非利士人是誰呢？竟敢向永生上帝的軍隊罵陣嗎？」（十七26）大衛這段話意義重大，他心中想到兩件事。無疑，大衛看出只要自己能成功打敗歌利亞，將會是一個得晉升的機會。從那時開始直到登基為王，大衛並不是沒有野心的人。但除此之外，當大衛聽見歌利亞羞辱永生上帝的軍隊，他是感到憤憤不平的。只有大衛起來迎戰歌利亞，皆因只有大衛看出上帝與這局勢息息相關。大衛的話發人深省，他稱呼上帝為「永生上帝」，他與掃羅對話時，也是這樣稱呼上帝（十七 36）。永生上帝是活的，祂能以行動，介入事件和改寫局面。永生上帝就是哈拿之歌中的上帝。大衛確信此事與上帝息息相關，因而當全隊軍兵都嚇得目瞪口呆之際，大衛卻能獨樹一幟，突發奇想，相信自己也許能夠打敗歌利亞。大衛深信不疑，又勝券在握，甚至看似説服了掃羅——掃羅當下肯定也預備孤注一擲。顯然沒有人願意出戰，為甚麼不給這少年一個機會？

這故事接下來最惹人注目的，就是大衛獲勝的方法。大衛不算孔武有力，也未受專業訓練，無法揮動歌利亞所用那一類的重型武器。所以，大衛婉拒掃羅給他的武器和盔甲，認為會妨礙他活動，寧願只用自己甩石的機弦。事實證明，這正正是可以打敗歌利亞的戰策。這巨人全身披甲，又有盾牌保護，若不近身搏鬥，近距離用刀砍或用矛刺，就根本難以突破他的防守。可是，若有人如此近距離攻擊他，就必同樣會受到歌利亞用神力揮動的武器襲擊。大衛用甩石的機弦，就可先發制人，不必進入歌利亞武器的攻擊範圍，而能打擊歌利亞身上惟一顯露的弱點，就是他的額頭。有些現代的讀者可能會誤會大衛甩石的機弦只是玩具，但其實這是一種犀利武器。若翻開士師記，當中一段經文隱約記載以色列的戰爭，提到軍隊內有「揀選的七百精兵，都是左手便利的，能用機弦甩石打人，毫髮不差」（士二十 16）。所以，雖然大衛不擅於用刀劍，但他非常精於用一種奪命武器，就是甩石的機弦。事實證明，這種武藝正正是歌利亞的剋星。

因此，大衛之所以成功，並非普通意義上的神蹟。無神論者覺得一切發生的事都是可以解釋的。然而，大衛清清楚楚把勝利歸功於上帝：「爭戰的勝敗全在乎耶和華，他必將你們交在我們手裏。」（十七 47）大衛大有信心，向歌利亞呼喊：「你來攻擊我，是靠著刀槍和銅戟；我來攻擊你，是靠著萬軍之耶和華的名，就是你所怒罵帶領以色列軍隊的上帝。」（十七 45）勝利是屬於上帝，不是由於大衛學藝不精，力有不逮，而是由於上帝訓練大衛有一身好本領。大衛是最佳的人選，處於最佳的時間，位於最佳的地點。其他人就算同樣擅長用甩石的機弦，面對全副武裝的歌利亞，也萬萬不會想到只用機弦。大衛相信上帝與他同在，就做了他惟一懂得做的事，結果成了最有可能成功的策略！

這故事教導我們如何面對真正的現實。若說在千萬人之中的大衛能夠打敗歌利亞，以色列軍營的人可能都會覺得不切實際。掃羅一開始回應大衛的建議時，也是從現實的角度出發：「你不能去與那非利士人戰鬥；因為你年紀太輕，他自幼就作戰士。」（十七 33）大衛信靠上帝，看來就像天真而不切實際。但大衛獲勝之後，我們馬上發現大衛用來對付歌利亞的方法，原來一直才是真正最實際有效的得勝之道。大衛信靠上帝，不會叫他進到脫離現實的幻境，卻實際上引導他發現當時局勢中真正合乎現實的可能性，乃是其他人所察覺不到的。人們美其名為現實的，往往不是事實的全貌。信心可能會引導我們作出別人看來很不切實際的行動，因人們通常不是這樣看事情，尤其是在流行憤世嫉俗的現實主義的社會中。所謂的現實，很可能使我們對真正存在的可能性視而不見，受懼怕或憤世嫉俗而來的現實心態所蒙蔽，或變得灰心絕望，就是感染了以色列全軍和很多現代文化的那種灰心絕望。虛假的現實主義令人眼瞎，灰心放棄，但在上帝裏的信心和盼望卻會叫我們抓緊機會，渡過除此之外就看似絕望的處境。

大衛信靠上帝，乾脆做了他知道自己能做的事，這也值得我們從中學習。從某個角度來看，假如大衛穿上掃羅的盔甲，拿起掃羅的刀，信靠上帝會以超能力幫助他用這些兵器戰鬥，這行動就似乎要求大衛付出更大的信心。但是，大衛不指望有這種意義上的神蹟。大衛只做了自己能做的事，然後就信靠上帝會叫他成功。上帝通常也是這樣工作。我們面對令人畏縮的處境時(「我實在感到無能為力」的處境)，通常需要的並不是某種自己作夢也沒想過的能力來完成某些事，儘管有時這情況可能發生。我們通常需要的，就是信心，信靠上帝而做出自己能力範圍所及的事，縱使看來微不足道，仍信靠上帝會使用我們所能做到的些微。令人感到驚歎的是，有時我們能做到的事，自覺對當下的情況起不了實際效用，然而結果卻出人意表——自己惟一能做到的事，確實扭轉了整個局面。面對歌利亞，我們必須做我們惟一曉得如何做的，就是用機弦甩石去迎戰，因為正是這方法可以打敗歌利亞，令所有人驚訝不已（包括我們自己）。關鍵就是：做我們所能做的事，不容所謂的現實、憤世嫉俗或絕望的思想令我們灰心喪膽，卻要信靠上帝，做我們所能做的事，然後把結果交託給上帝。

我們都會遇上歌利亞。今天我們面對一些真正跨世界的歌利亞，就是欺壓人的權力系統，和令人腐敗的不良影響，強勢又根深柢固，威嚇凡愛慕真理、公義、憐憫與和平的人。我們可能被試探想將世界拱手相讓給這些勢力，像以色列人一樣，瑟縮在基督徒的營壘。但我們可以回想大衛絲毫不差的神射，想起他因信而勇敢迎戰。即使我們能做的看似微小，仍需要對上帝抱有大信心，才會覺得值得去做。但這就是我們能做的，所以也是我們必須做的。無論看來有多微小，我們既能做，就必須做，盡我們所能準確地瞄準機弦，同時知道上帝可以使用我們所做的，過於我們自己能做到的。歸根究柢，就像大衛時代的歌利亞，現今的歌利亞仍公然挑釁上帝，應當遭受神聖的蔑視，就像大衛奉萬軍之耶和華的名向歌利亞發出的鄙視。

面對我們自己獨特環境中較小一點的歌利亞，這原則也同樣適用，因我們可能覺得這些小歌利亞仍相當具威脅性。我們也有權向這些歌利亞呼喊：「爭戰的勝敗全在乎耶和華，他必將你們交在我們手裏。」

禱告

萬軍之主，請教導我們認出辱罵祢的歌利亞，

不是呼求祢認可我們自己的選擇和利己的目標，

而只是要打祢所要打的仗。

救我們脫離麻木不仁，不因懼怕而對邪惡默然首肯，

又不致灰心失望，以為是向現實低頭。

請指示我們能做的事，

因這是祢託付我們去做的。

請賜我們信心，做自己能做到的，

又盼望祢會成就的，會比我們所做的更多。

4

……在怒氣沖昏之時

(撒上二十五章)

小說家迪亞曼(Anita Diamant)在一九九七年寫了一本大受好評的書，吸引了大批女性讀者。該書封底的簡介邀請書店的顧客「登入www.mustread.com，找出為何一百五十萬女士喜愛這本書」。對於那些既已不厭其煩拿起來讀的讀者，只要再多用幾分鐘草草略讀前幾頁，就能明白這書受歡迎的原因！這書的書名是《紅帳幕：你未聽過的古老愛情故事》(*The Red Tent: The Oldest Love Story Never Told*)。以下一段文字摘引自該書的序言，是用旁白的聲音說出來的，那個聲音也是該書故事主角的聲音：

> 我們彼此失散了已很久，我的名字對你毫無意義。我的記憶彷如泥塵。這不是你的錯，也不是我的錯。母親與女兒的聯繫中斷，說話流傳下去，由男人記錄下來，但他們卻不明白。所以，我成了註腳；我父親雅各有一段廣為人知的歷史，我哥哥約瑟也有一段馳名的記略，而我的故事只是他們中間

的插曲。人們很偶然下想起我時，也只會記得我是個受害者。

當然，這段話主要是針對女性讀者而寫（但無疑男性讀者也當留意！），譴責由男性或男性角度所主導的說故事傳統，掩蓋了女性的故事和角色。

上文那段話借助底拿的口說出來，我們在創世記二十八至三十五章的故事中見到這女性角色。可是，經文不是要講述底拿的故事（也不是講述底拿的祖母、母親、姨媽或姊妹的故事），而是關於底拿的男性鄰居和親屬的故事。這故事用男性的角度表達，清楚聚焦在故事中男性角色的行動和命運；女性不過是有用的襯托，偶而是難能可貴的配角。用福斯特（E. M. Forster）的說法，底拿和她的「姊妹」在故事中是「平面」的角色，而不是「立體」的角色。這是說，我們只認識很少有關這類角色的事，而經文也不鼓勵我們猜想沒有告訴我們的東西。這些女性角色多半只是配角，而不是主角，雖然有時可能令人聯想到故事情節中某件單一的重要事件或思想，但隨後又再退回若隱若現的幕後，偶而曇花一現。[1] 底拿自己就是如此曇花一現，按聖經作者所說，當地的迦南霸主之子示劍「拉住」底拿，「玷辱」她，將她「強暴」。我們不知道示劍和底拿何時或如何相識，也不知道強暴發生前二人有何瓜葛。我們不曉得底拿如何看示劍，如何看自己被「強暴」，不知道她對示劍有何感覺，並對示劍後來所遭遇的事有何感受。我們沒有被告知這一切，因在聖經作者看來，這些事都無關痛癢。但顯然，假如底拿能夠開口說話，這一切遭遇對她都重要不過。但是，作者只用幾節經文便交代了底拿在故事中的角色。底拿是雅各的女兒，是雅各眾子的妹妹，是被強暴的受害者。底拿與示劍私通的「事實」一旦曝光，故事又再變得男性主導。示劍想迎娶底拿，底拿的父親雅各反對這事，底拿的兩個哥哥（西緬和利未）便想出解決方法，說服示劍和他全家行割禮。然後，就在示劍一幫人行割禮後、身體仍感不適之際，雅各的兒子就帶同一羣暴徒，將示劍全家殺個片甲不留。用政治手段和暴力解決問題，這是典型男性主導的故事。

迪亞曼在她的小說中用底拿的角度講述同一個故事，帶給讀者截然不同的觀感！在這版本的故事中，底拿決不純粹是受害者，她對於見義勇為的哥哥冒死來救她感到幸喜。故事中，男性角色表現得遠為丟臉，且雙手染血。無論我們怎樣看這小說如此修改底拿和示劍之間發生的真實情節，迪亞曼盡力用想像力重構這故事，正是為了激動我們，提醒我們，並抗議聖經的「歷史」遭壓倒性地從男性的角度出發去描寫這一事實；而女性角色多半只是陪襯，極少表現為（用一個熟悉的文學類別來說）「英雄」，由其智慧、力量、愛或其他特徵成為故事的真正重點，成為故事所講述的處境中的轉化因素。也許，迪亞曼要向我們指出，若人類現今的實況仍值得作為參考，聖經的描寫在處理人類過去的現實時便不夠公正！

把《紅帳幕》及其對聖經的重新解讀，跟我們對撒母耳記上的閱讀並列起來，會是十分有趣的。大衛、拿八和亞比該的故事在很多方面，都呼應另一種角度的理解，即迪亞曼所呼籲我們的女性主義的想像，這比起我們驟眼看來也許更加貼近聖經歷史。正所謂有例外的情況，才證明聖經有說故事的常規，從這意義來說，是更強化了，而不是削弱了迪亞曼的觀察。撒母耳記上二十五章確實是關乎道德品格的故事，描述某些人的行為對事件造成的影響。為要掌握這故事的精髓，我們甚至可進一步說，這故事是關乎男人的愚昧和女人的智慧。這樣說可能有點誇大，但其實不算誇張。

說故事的人一開始就著意告訴我們，這故事會環繞一對夫婦，又告訴我們需要知道關於這對夫婦的事情。我們在第 3 節讀到，拿八為人「剛愎兇惡」，而為免我們摸不著頭腦，他的名字在希伯來文的意思本身就是「愚頑」。所以，拿八的性格從一開始就「人如其名」，我們可預期故事發展下去，就會證明拿八這名字所埋藏的評價。同時，經文告訴我們，拿八的妻子亞比該很「美麗」。當然，女性角色身上帶有美麗這種特徵，我們絕對不會覺得陌生，甚至會認為是想當然的事。荷里活製作的電影中，有多少女主角是「平平無奇」，更別說是長得不漂亮的呢？因此，即使現實生活開出何為美的標準有很多，比故事世界更千變萬化，但我們都會覺得美麗的女性令人心曠神怡（甚至在聖經中也是），而我們預期男性角色或讀者都會表示欣賞，決不會埋怨女人太美。女性美本身幾乎不會擾亂我們預期中的男女配搭，反會加強這配搭。男人（即使是愚頑人）不覺得美麗的女子會威脅到自己在敘事上的重要性，反而是自己在故事情節中不可多得的潤飾。但說故事的人不單形容亞比該美麗，也形容她「聰明」，「有見識」，或甚至可說是有智慧。甚至，畢德生（Eugene Peterson）為這故事下註解時指出，[2] 亞比該的美麗和智慧很大程度上可能同出一轍。不論亞比該的外貌如何，在故事中首先散發出美麗的，卻是亞比該的品格。而我們將會看到，亞比該的品格及時反照出上帝自己的性情，吸引大衛走回上帝引導他走的路上，由上帝引導他的行為，而不憑著血氣方剛行事。

所以，這故事向我們介紹了兩個角色，第一個徹頭徹尾愚頑，另一個則全然美善，又有智慧。而這美善又有智慧、將扭轉大局的角色，是個女子，實在是一大破格，令人精神一振。然後，我們有大衛登場，他在這故事中表現得似乎不過不失。大衛與耶和華發展關係的故事其實才剛剛開始，聖經在第十六章才介紹大衛，我們因而認識了一些關乎大衛的事。大衛年少英勇，才貌雙全，上帝揀選他代替掃羅作以色列的君王。故事發展至此，大衛流落為亡命之徒（掃羅可不太喜歡被人取代），與六百人一同在曠野中逃亡。大衛殺了歌利亞後，必然有了名聲，亞比該似乎也略知一二。除非拿八當真比故事中所表現的還要更笨，否則也必定聽過大衛的名聲。大衛的豐功偉績定會刊登在小報的頭條：大衛四處出沒，惹來騷動；他潛行到掃羅身邊，本可取他性命，卻沒有這樣做，令掃羅面子全丟；又悄悄潛回曠野，消聲匿迹，避過掃羅的精銳部隊攔截追殺。大衛的故事有點像羅賓漢（Robin Hood）的故事，傳說中的羅賓漢是完美無瑕的英雄好漢，但我們將會看到，大衛不完全是這樣的人。

第二十五章一開始，我們便發現大衛和他的勇士已在曠野逗留了一段日子：他們要躲避掃羅，偶而出去與掃羅的兵隊打游擊戰，但大部分時間應該都只是「守在曠野」；坐下來等待下一次的戰事行動，玩玩紙牌，想念家人，出去幹活；總之從軍的男人閒時會做的事，他們也是照著幹罷了。實際上，經文暗示大衛一夥人用了不少時間巡邏該區，維持當地的治安（近代史提醒我們，這種工作比起展開軍事行動本身可能還要艱鉅，更所費不貲）。曠野危機四伏，到處有猛獸，又有土匪。從其他聖經故事可證明，就算只是從一處遷到另一處定居點，途中要穿過曠野，就已夠驚險萬分。牧羊人或其他被迫長時間在野外放牧的人很清楚曠野有多危險。所以，在第 15 至 16 節，我們讀到拿八雇用的牧羊人作見證說（論到大衛的民兵）：「但是那些人待我們甚好；我們在田野與他們來往的時候，沒有受他們的欺負，也未曾失落甚麼。我們在他們那裏牧羊的時候，他們晝夜作我們的保障。」維持治安的部隊最開心就是聽到地方居民如此報告了。似乎看來，拿八的部下特意逗留在大衛的部隊附近，因大衛的部隊願意保護他們，不致被賊人或暴徒恆常打劫。我們也可想像，大衛知道自己將會統領這片土地，他自己又曾經是牧羊人，歷盡其中的艱危，所以就特別關照其他牧羊人，仗義保護他們。當此處故事一展開，我們實際發現情勢的逆轉，當下大衛有求於人，而拿八則可決定是否幫助大衛。

雖然拿八愚頑無禮，卻有財有勢。聖經不必然描繪有錢人總是愚頑的，但此處的拿八卻是這樣。拿八擁有（第 2 節告訴我們）三千隻綿羊，一千隻山羊，確是極多的牲畜，尤其是考慮到聖經在別處提到，約伯有七千隻羊，三千隻駱駝，因而「在東方人中就為至大」（伯一 3）。因此，即使拿八仍遠遠及不上約伯富有，但也肯定是頗富有的要人，有能力擺設豪門夜宴。拿八在撒母耳記上二十五章就正正在做這種事。當時正值剪羊毛的時節，所有僱工都從曠野回到城中，正所謂認真工作，盡情行樂。眾人設宴慶祝，發泄心中悶氣，慶賀辛勤工作了一季後終可回家。在拿八的村莊裏，食物飲料尤其不缺。事實上，第36節告訴我們，拿八家裏設擺的筵席，「如同王的筵席」。於是，這就方便不過了（但對拿八來說就可真麻煩），因為附近正好就有一位君王（最少是候任的君王），不介意前來一同坐席，好叫他的部下可在城中安頓一晚，稍為行樂一番。他們幾個月來一直節衣縮食，內心肯定巴不得想大吃一頓。

所以，雖然大衛仍在曠野，但他打聽到拿八的地方要舉行宴會，便決定是時候撈一點油水。我們得知大衛為拿八（最少為拿八的工人）出了不少力，免費保護他們，因而現在是機會收取直接的政治報酬。也許，故事至此首次曝露出大衛的品格並非完美無瑕。當然，很多人施恩也寄望遲早會得回報。商界、專業界別、政界的陰暗面都充滿這種互利互惠的關係，而我們知道自己與別人建立關係時也會抱有這種期望。我們向某人施恩惠後，腦子裏不期然有一種想法，覺得對方有一天可能會回饋我們。這樣想也沒甚麼不對，是吧？嗯，其實這樣想可能有點不妥。這種想法肯定跟耶穌對門徒的教導風馬牛不相及，人應該為行善而行善，而不應睜大眼睛寄望回報；因人行善而寄望有回報，根本就不是**真正**行善，卻只是某種道德交易，因而是某種利己或自私的行為。我們行善，是因行善是美事，因善事本身值得去行。善事就是善的，僅此而已。不過這點知易行難，甚至對上帝所揀選要統治以色列的君王也不例外。

在這點上，就如大衛故事的其他地方，大衛的行徑向我們說明，(除了耶穌)聖經人物不必然是值得效法的好榜樣。大衛在田野餐風宿露，吃冷飯，喝白水；他的慾望與內心交戰，勝過了他。大衛派了十個人進城去見拿八，先自我介紹，再悄然(但明確地)提醒拿八，他的僕人在晚上放牧時大衛怎樣善待他們，又暗示拿八若是識趣，就應公開邀請大衛和他的六百勇士參加派對！這是典型的「我幫你、你幫我」的思維。但事實證明，這番話還蘊含一個不太友善的信息:「你幫我，不然……」再一次，這是男人解決問題的方式！

從這裏，事情想當然地開始變得令人不快，大衛和拿八的弱點也表露無遺。無疑，大衛自恃拿八必會答允他的「小提議」，已刮好鬍子、穿上禮服，預備出席宴會。始終，大衛和拿八也心知肚明，大衛若想要反臉，大可破門而入。拿八家中的保鏢不太可能抵禦大衛的私人軍隊。大衛心裏大概也是這麼看的，但至少他有先禮貌地向拿八提出請求。但拿八實在人如其名，愚頑又無禮，似乎對所發生的事仍泰然自若，也不覺得自己欠了大衛些甚麼。大衛的差使來到傳話，說以色列將來的君王想自薦為拿八筵席的貴賓時，拿八可能已有幾分醉意。也可能拿八是掃羅的擁躉，想作出尖銳的政治論述。又或者，拿八果真人如其名，愚笨不堪。不管如何，拿八出言不遜，判斷失當，乃旨在激怒大衛：

> 大衛是誰？你以為自己是誰，奉一個我所不認識，未見過之人的名義向我發號施令？我只知道這人是國王的祕密警察要追捕的逃犯。為甚麼我要把辛苦賺來的錢財用來討好逃犯？你知道我是這城裏的要人；我不會與鬧事的人勾結，免得弄壞名聲，新聞會廣泛報導，到時我就身敗名裂。我可能更會喪失國際扶輪社的會席……

上述的話最少是拿八所回答的要旨。鑒於大衛的名聲，以及拿八欠缺軍事實力，拿八這樣的回答實在不明智，但卻貼切他愚頑的性格。

接著我們讀到：「大衛的僕人就轉身從原路回去，照這話告訴大衛。」(12 節) 然後……又怎樣？假如這是一套電視連續劇，就在這時候完結一集，豈不妙極？大衛當下會說甚麼？這下政治風險升級，大衛會怎樣作出回應？我們在第 13 節發現，大衛也是個典型的男人，似乎決定訴諸暴力來解決人生的一切問題 (而在這次的事件中訴諸了完全不成比例的暴力）。「大衛向跟隨他的人說：『你們各人都要帶上刀！』眾人就都帶上刀，大衛也帶上刀。跟隨大衛上去的約有四百人。」大衛受了拿八羞辱，一路上怒火中燒，已開始想像著向拿八報仇雪恨的滋味：「我在曠野保護這人，根本是浪費時間。這人以惡報善。好吧，就這樣決定。我要讓拿八看看，誰要敢怠慢大衛，會有甚麼收場。凡屬拿八的男丁，我若留一個到明日早晨，願上帝重重降罰與我！」[3]

大衛率領一行由和平使者變得可疑的維和部隊，走到對面的山頭時，拿八的妻子亞比該終於再度登場。亞比該的僕人已告訴她拿八怎樣出言不遜，判斷失當，而亞比該非常聰明，知道男人始終是男人，已預視到事情最終會以暴力收場，釀成可怕而沒有意義的結果。拿八只懂得固執己見，愚昧魯莽而不肯妥協，亞比該要起來為拿八作主，巧施妙計，從道德和政治的角度勸說大衛。亞比該選擇完成拿八一開始就應該做的事（假若拿八有點頭腦的話）：要咬緊牙關，壓抑自己，不要因覺得被剝削或被佔便宜而生氣，順應要求，款待大衛和他的勇士。所以，亞比該為了彌補拿八造成的破壞，防止情況進一步惡化，就預備了很多食物（亞比該接下來的說話和行動將表明她這具體行動的慷慨心意），用兩隻驢子載上，出發趕在大衛的軍隊入村之前截住他們。亞比該知道萬一大衛入了拿八的村子，就必定不夠時間成功説服大衛。拿八必會收到大衛正在逼近的消息，就算喝醉了也會出來看看，見到大衛的人馬闖入他的地頭，而自己的妻子又冒充他作一家之主，叫他蒙羞，加上酒醉亂了性子，必定會大發雷霆。所以，如果亞比該要成功調解大衛和拿八的糾紛，逃過一場勢所難免的血腥屠殺，就必定要趁大衛仍在曠野的途中截住他們，在曠野的中立領土上設法説服大衛不要前去教訓拿八，給他上一堂畢生難忘的課。

故事接下來展示，亞比該才是意想不到的女英雄，是故事的勝利者。亞比該表現出真正的力量，最終克服困難，取得勝利。當然，亞比該的勝利和力量不是武力上的，而是道德上的，她沒有消滅與自己對峙的人，而是轉化了他們。亞比該面對逐漸逼近的危險，願意卑躬屈膝，曝露弱點，從而弔詭地得到勝利。大衛和他的精鋭部隊逼近之時，亞比該下驢，俯伏在大衛前面的路上，迫使大衛停下來。對很多讀者來説，這情景會令人憶起一九八九年北京天安門事件的電視報導，當時中國的學生進行示威，領導層派出重型武裝的軍隊鎮壓他們，學生起來對峙，用血肉之軀抵擋坦克車。學生的舉動釀成令人矚目的僵局，形成難以置信富戲劇性、緊張、萬眾期待的一刻。那些士兵會怎樣做？權力屬於哪一方，實在清楚不過。士兵們會否不顧一切開坦克車輾過去，從象徵和實際上壓碎學生的示威？還是，由於對手軟弱不堪，而當時雙方的軍事勢力不成比例得令人發笑，士兵們縱使受過訓練要不為所動，但會否始終軟下心腸，想法動搖，表現出他們與膽敢擋路的學生其實有同樣的人性，喚醒他們察覺當時情況的道德現實？鑒於我們曉得人性及人性能以做出怎樣的事，若是以為用血肉之軀抵擋坦克車的人可有任何把握，就未免太過天真。但這行動也不全是孤注一擲、聽天由命。人人也知道，軍隊的力量在於坦克，但人的力量卻在於別處。

就像那些示威的學生，這故事中的亞比該表現出無比的勇氣和深邃的智慧。任由拿八用自己的軍事力量與大衛的軍隊對壘，必會導致彼此爭鋒，最終肉身上的強者徒有其名的「打敗」弱者。向大衛表露出自己的無能、脆弱、弱點和善意，大衛反而會處於道德的兩難之間，失去他原先帶有的優勢。大衛不可直接撞開亞比該（她始終是女人！），不然必會惹起公眾的激烈反感，而任何有雄心的政治人物都不會願意放手一搏。無論如何，亞比該不認為大衛是會做這種事的惡魔；大衛由於生氣而捲入這次軍事行動無謂的升級，但他若不貫徹始終，就會大丟面子（這點也是招來政治災難的因素）。亞比該幫助大衛取得雙贏的局面，向他佈置一個情勢，讓大衛既可遏止他掠奪的隊伍，又可保住尊嚴（由於亞比該擺出卑躬屈膝的姿態）。亞比該博得大衛的注意後，小心選詞造句，驅除那份暫時使大衛著了魔的、好勇鬥狠的大男人心理，向大衛說明他正計劃要做的事在世人眼中看來會是怎樣，或更一矢中的，說明在上帝眼中看來會是怎樣：

> 我主啊，願這罪單單歸我……請不要把我的丈夫放在心上，他人如其名，為人愚頑，實在不值得我主與他計較，揮軍攻打他。你真的想在他身上浪費氣力？請停下來想一想，你展示了自己雄厚的軍事實力，看起來會像是怎樣？人們會否認為你值得這樣做？會否認為你做得合理？會否認為這是以色列的君王所要操心的事呢？耶和華會對付你的敵人，祂無比公義，請由祂來為你報仇。現在，請收下這些食物，送給你的部下（如果當初你的差使前來找我，而不是去找拿八那笨蛋，那就好了！）。請平安離去，不要傷害我們。請原諒我丈夫的愚昧，他本性難移，並不是故意針對你。

出於心中的憤怒和卑劣的根性，大衛聽了這番話後頓覺如雷貫耳，又明白到自己對拿八有這般反應，實在是愚昧。大衛答允亞比該的請求，撤回他的軍隊，不與拿八開戰，（值得注意地）又感謝亞比該所流露的智慧，向他說出真相，叫他不致被偏見、不義和愚昧而生的忿怒所蒙蔽。大衛通過了考驗，但他能通過考驗，並非全靠自己，也有賴亞比該的智慧，她英勇地攔截怒火中燒的大衛，更質問大衛的行動，救大衛脱離自己的網羅。

二〇〇三年一次談論伊拉克戰爭的電台節目中，有一位講員指出，很遺憾戰前的國際談判是由男性負責，而不是由女性負責，以致最後觸發戰爭。有報告指出，女性不認為暴力或武力是解決衝突最顯而易見的方法。這可能引起爭議的建議很有意思，而説這話的，不出所料是位女性講員！這一章的故事肯定更加強這論點，因在這故事中，確是（碰巧）由女性的智慧勝過男性的愚昧，因而救大衛脱離「流人血」的罪，免得他喪失作以色列君王的資格。用強大的軍事力量鎮壓妨礙自己的人（無論在現實中威脅到那人安全感的事有多微不足道），畢竟是掃羅所採取的策略，而上帝則是及時拒絕統治祂選民的大衛行使這種不當的方針。大衛與亞比該的故事，究竟是否源於由女性傳遞下來的傳統，而不是源自由男性傳遞下來的傳統，這問題實在有趣！不過，作者（不論是男是女）決不曾想過要將亞比該當成崇拜的焦點。聖經的故事最終不著眼於人的英雄或英雌，而是關注上帝及上帝怎樣對待我們。亞比該和大衛也會承認，在幕後默默工作的，乃是上帝，祂差派亞比該作祂的使者，考驗大衛的道德能耐，帶來上帝自己的和平，取代大衛先前想要圖謀的暴力和毀滅。

但這故事確實指出（我們若由得聖經敘事的一貫調子塑造自己的思想，就很容易會忘記這點），到了危急關頭，聖經的上帝可以，也確實會揀選和使用女性的智慧和品格的美麗，改寫祂在歷史中的旨意。也許，若真相大白的話，上帝就可能常常會這樣使用女性，比我們眼所見的遠為更多！

禱告

主啊，我們要作糊塗事的時候，

請止住我們的手。

叫我們內心因錯誤的情感而生的邪惡怨毒

不要付諸實行。

願智慧的美麗在途中攔阻我們，

叫我們重新踏上

祢天國的窄路。

阿們。

5

……在被罪轄制之時

（撒下十一章）

大衛、烏利亞和拔示巴的故事可被列為最膾炙人口的故事，同樣受古代和現代的讀者歡迎。這故事含有全部重要元素：性、權力、人的墮落、死亡。故事本身講得很有技巧，情節逐步推陳的同時，故事的緊張程度也逐漸提高，叫我們坐在椅子上寸步不離，直至讀完故事悲慘的結局。故事混雜典型的三角關係、皇室醜聞、謀殺，及嬰孩的悲慘猝死，從所謂人性化的角度來說，可媲美最精彩或最差勁的電視連續劇情節和星期日的獨家新聞。但這作者的異象更為深入，帶我們超越人類境況的喜與悲，遠非通俗傳媒能及。這故事向我們表明，在生活中與大衛的上帝，也就是與我們的上帝相交是甚麼意思，以及我們這樣而活時通常會帶來怎樣不舒服的結果。

出色的故事所具備的條件之一，就是把對讀者來說真實和不真實的事同時融合起來，正因為故事能叫我們連接上可認出是屬於我們世界和我們自己的東西，又同時向我們指出一些不熟悉又神祕的事物，藉以改變我們觀察和經驗這同一個世界的方式，從而改變我們。當我們把書放回牀邊（或放哪裏都好），故事的景象開始模糊時，便會發現自己觀察事物的角度有一點改變，我們在過程中不單學習到有關其他（真實或想像）時間、地點、人物的事，更明白到關乎**自己**的東西。

這個故事也肯定是這樣，其中受試探、墮落、罪疚、受罰、得復興的熟悉模式，在想像上向我們所揭示出來的，超越最富資料性或神學洞見的關於罪的演講或講道。我們透過投身在故事中的罪和罪的後果，明白其中的錯綜複雜；我們感到罪令人不舒服，認得我們也曾以自己的方式多次到訪了這地方，有時更是故意的。然而，由於說故事所允許的脫離（我們不是大衛，我們是從相對舒服的位置在字裏行間**觀察**大衛），我們能同時用幾種不同的角度剖析整個局勢。我們有一部分認同大衛，明白驅使他的衝動與慾望，完全「知道」為何大衛會那樣做，也想知道（假如我們處於大衛的境況）究竟自己能否有不一樣的做法。我們的另一部分能觀察到事件發生的模式，看出事情會朝甚麼方向發展（不像大衛，我們願意的話，可翻到後面幾頁查看），能以感到普通良民也會感到的一份義怒。

所以，這是個很有力量的故事，能掀動和改變我們的道德情感。有一位註釋書作者這樣（巧妙地）說：「作者深深地切入那構成人生百態、由愚昧、恐懼與忠誠所交織成的奇異網絡。這敘事超過我們想知道有關大衛的事，也超過我們所能忍受對自己的了解。」像所有故事一樣，這故事也含有好些算為標準的元素。這故事有一個敘事處境。這是說，這故事切合另一個更大的故事，屬於該故事的一部分，而我們接觸這較小的故事時，已認識了故事主角好些重要的資料。這故事有中心的行動或事件，由故事的角色進行或發生在他們的身上。而視乎這故事的種類，故事的結局或多重結局也或多或少能以預測。這些元素吸引我們，叫我們閱讀下去，而我們也會逐一處理這些元素。

我們身為讀者，在撒母耳記上十六章首次見到大衛登場，再讀到其後的第二十六章，看著大衛由牧羊的少年，搖身一變成為以色列最有權勢的人，其間有很多機會可評估大衛的性格。人生經歷如此急速而戲劇性的命運逆轉，通常可以揭露一個人的真面目，引發出那人最好或最壞的一面。因此，我們現在有把握知道大衛是哪一種人，而評價肯定是正面的，甚至是絕對正面。讓我們想一想大衛的種種優點：

大衛忠誠不渝。舊約裏有一個主要用於上帝的字，來指明上帝對以色列的信實，這字就是 *hesed*。上帝信守自己的應許，全然可靠，絕對值得信賴，尤其在患難之時，更是如此。而我們也許可說，大衛在這方面映照出上帝的性情，他也是 *hesed*、信實的；他對朋友信實，對仇敵守信，對上帝忠心，忠於上帝的約，對上帝的子民忠誠。在這方面和其他方面，都可證明大衞是以色列理想的統治者，因大衞對以色列的治理，就彷如以色列獨一的君王、就是上帝自己那般，是有血有肉的（見撒上八7）。而且，大衞好像上帝一樣，執行大權時有憐憫，又行公義。大衞的政績沒有污點，也沒有欺壓百姓的迹象。可以説，大衞是正直又有原則的政治領袖，沒有不可告人的祕密，實在是小報專欄的惡夢。在大衞的統治之下，犯法的人會受到公正的制裁，而軟弱和貧困的人則有信心得到政府可以給予的一切保護和援助。大衞也是常禱告的人，也許前面的章數已用了不少篇幅來説明這事實。大衞經常「求問耶和華」，才決定或執行政策。大衞作王四十年，從一開始就清楚知道是上帝**設立**了他為王，而上帝這樣做，不是為了**大衞**的緣故，而是「為自己的民以色列」（五12）。所以，難怪大衞又成功又大受歡迎。大衞在外交和地方的政策上領導出色，以色列國也愈發強盛。以色列展現一段繁榮安定的日子，享受君主政制的一切好處，只有極少（甚至沒有）隨之而來的缺點（見撒上八10～22）。我們可説，大衞治國的方式與當時以色列鄰邦更為人熟悉的君王統治模式形成對照，叫以色列人可據此想像上帝自己那將要來臨的國度是怎樣的（例如，見以賽亞書十一章「耶西的本」的統治）。

信實可靠、有公義、有憐憫、常禱告、成功而又受歡迎：這就是我們當下在撒母耳記下十一章所讀到的大衛。這是大衛嗎？撒母耳記下十一章一開始描寫大衛的品格時，就用上一個截然不同的調子，意味大衛奪得權力和成功後，終於有點變質，漸漸失去使他一直成為偉大君王的美德。大衛人生的劇集來到新一集，由公眾的勝利與喝采，變成個人的滄桑；由得祝福的人生，變成受咒詛的人生。無疑，罪會束縛人，並且摧毀一切。這故事提醒我們，即使只是「一時放縱」，表面上沒有任何牽連，也會深深破壞上帝世界的道德架構，可能帶來一些後果，超過事情本身即時產生的影響。

「大衛仍住在耶路撒冷。」（十一1）故事一開始，大衛已被描寫得形迹可疑。他身為領袖，如今卻留在後方指揮，不願走上前線，由得別人為他代勞，幹那骯髒又危險的差事。旁白提醒我們，那時正值初春，乃是列王（「**名副其實**的列王」，我們幾乎可聽見這諷刺的評註）出戰的時候。大衛曾面對和打敗使以色列人最聞風喪膽的敵人（比較撒上八20與十七41～54），但他已不再是那位英勇的王。現在，大衛由得別人代他冒險，自己就安然留在家中，利用著他們不在的機會。

大衛趁機「強佔」一個女人，那女人無意中成了他慾望的對象。大衛走上王宮的平頂，陰差陽錯下望見鄰居的浴室，竟有女人在洗澡！大衛縱容自己滿足一點情不自禁的偷窺慾，他的思想很快就被那女子的美貌深深所迷。聖經開宗明義告訴我們，那女人是別人的妻子，她的丈夫正在外面打仗（大衛自己本應在外面打仗）。但大衛貴為一國之君，很容易就能把心中起的歪念，變為犯下更嚴重的罪行。大衛看見她，想得到她，便強佔她（參 3～4 節）。這裏沒有複雜的道德判斷過程，大衛始終是**君王**！他可控制一切。他派自己的手下到戰場送死，又傳召女人到自己的睡房滿足一己私慾。毫不浪漫，沒有示愛，只有肉慾和肉體的快感。大衛「強佔」她，然後就打發她回家。沒有鮮花，沒有燭光晚餐，沒有考慮她的意願。大衛強佔她。經文沒說到底她是逆來順受，受寵若驚，還是膽戰心驚……坦白說，這根本無關重要。她根本沒得選擇，她不被視為一個人，只被當成一件物件，「強佔」這字可說明一切。

這裏的大衛顯得判若兩人，這個大衛強佔自己想要的東西，只因為他（知道自己）**能為所欲為**，這是既危險又具毀滅性的發現。然而，有些東西是連大衛也控制不了的，那就是他犯姦淫的生理後果。那女人發覺自己懷孕了。拔示巴在這故事中講出的第一句話，就叫大衛束手無策：「我懷了孕。」大衛並不是第一個或最後一個遇上這種事的政治領袖，他本來過著寫意和自我實現的生活，卻被這句話弄得翻天覆地。大衛的聲譽必定立時受威脅，若不採取激烈的行動，他暗地裏犯下的罪很快便會公諸於世。既然血氣方剛的男人都去了戰場（連同拔示巴的丈夫在內），而大衛的閣樓正好可眺望拔示巴的浴室，箇中的來龍去脈很快便會揭盅。這一切可能會釀成公共關係上的災難，這君王的民望定會一落千丈。

當然，我們現在處於縱情色慾的時代，性罪行可能最引人注目，但這種罪其實尚算小事，因它本身已夠糟糕。但是，對於大衛沒有忠於上帝和他的百姓，其主要焦點卻落在其他問題上：大衛剝削無力保護自己的人，濫用上帝賜給他的權力地位，疏於職守，沒有在以色列人中間做上帝的代表。真正的罪過**乃在於此**，威脅著要破壞大衛與他子民的關係，至萬劫不復的地步。當然，大衛與別人的妻子有私情，甚至有一夜情，決非小事，我們不應等閒視之。但即使我們的社會選擇全神貫注在性方面的問題，也不應模糊了更意義重大的道德過失。這不只是性愛，而是可命令的性愛；是沒有考慮對方的性愛；是只滿足自己的性愛；是大衛享受的性愛，不但沒有考慮拔示巴的幸福（他固然會想到送她適合的「禮物」以作補償），也沒有考慮這事會怎樣影響拔示巴與她丈夫的關係——她的丈夫那時正在戰場上為大衛賣命。是的，大衛當初就不應脫下褲子。但在這點上，性愛不過是誘因，釀成更黑暗的勾當。大衛的所作所為根本就形同背叛，既是背叛那位呼召他又厚賜他百物的上帝，又是背叛一羣極信任他的子民。霎時的衝動化作行動，成了君王濫用別人的信任和濫權。我們可能會想，現在是時候認真懺悔，面對後果吧？或者，還來得及扭轉大局？但在這故事中，情況只會是每況愈下。

大衛的道德下滑，另一個衝動和破壞性的行動很快接踵而來。大衛看來沒甚經歷良心的責備，很快便作出行動捍衛自己的利益。他將烏利亞從戰場召回來，試圖為拔示巴懷孕的事編造一個更為人接受的解釋。當拔示巴的肚腹開始現形時，人人都會想起烏利亞確實曾匆匆回過耶路撒冷，時間差不多就是拔示巴懷孕的時候，這確是完美的掩飾！當然，這計劃要行得通，烏利亞必須演好他的戲分。所以，大衛向烏利亞探聽軍情後，便特准他回家，實際上更用上男人在更衣室中說的粗俗委婉語，慫恿烏利亞回家達成大衛心目中最理想的結果。「你回家去，」大衛對烏利亞說：「洗洗腳吧！」大衛有理由相信，烏利亞自然會對自己的妻子有所欲求，加上烏利亞快要回去打仗，隨時會戰死沙場，可能再沒有機會見到妻子，故這下獲准回家，乃是千載難逢的機會。烏利亞可得償所願，拔示巴見到丈夫也會歡喜吧（若她識趣，便甚麼也不說），而大衛又可脫身，這是三贏的局面。

但烏利亞有複雜的道德感，叫大衛措手不及。在這點上，說故事的人的技巧最是上乘。雖然烏利亞得到特權和機會可陪伴妻子一宵，他卻不選擇這樣做。為甚麼？嗯，第二天早上，烏利亞向大衛說，他的朋友和鄰居都在戰場打仗，生死未卜，而除家人外他們就是烏利亞最珍重的人，故若他強佔這個意想不到的便宜，又豈能心安？烏利亞忠心耿耿，與自己的戰友上下一心，不肯獨享閨房之樂。當然，這就使到烏利亞與大衛形成鮮明對照：大衛本應在戰場指揮部下，卻不這樣行；大衛單單為了一時之快，縱使沒有權利，也自己創造機會將烏利亞的妻子送上自己的牀，使烏利亞的婚姻蒙上污點。這道德的諷刺非常明顯，大衛不可能不明白。而再一次，大衛雖有君王的權力，卻無法控制一切：他被迫要更不擇手段，以求隱瞞自己的行蹤。

若烏利亞不肯做大衛以為自己可放心烏利亞會做的事，大衛就必須鏟除他。但這次大衛一定要保證自己有不在場證據。因此，大衛與這個他計劃要害死的人**飲酒**一晚後，便聯絡約押，不但安排烏利亞回去戰場，更是回去送死，然後將他打造成為國捐軀，這實在是最背信棄義的一幕。事實上，約押為要達成這所盼望的單一目的，也要派出很多部下無故以身犯險。整段情節的諷刺程度令人窒息。烏利亞是以色列人中的外邦人（烏利亞是赫人），卻表明自己是大衛忠心的僕人，因而也是上帝忠心的僕人，甚至忠心至死。另一方面，大衛既為一國之君，理應保護和服事在上帝之約中的子民，卻顯示自己能以行使一連串殘民自肥的行動——權力成了不惜犧牲別人、用來自保和利己的工具。大衛理應成為完全相反的好人，履行完全相反的好事。先是拔示巴，然後是烏利亞，都被捲入這個濫用職權的循環中，而受害的不只是他們個人。拔示巴和烏利亞的無力抵抗，肯定也代表著以色列整體的境況：這羣百姓信任愛戴自己的君王，在這次發生的事上卻被當成傻瓜，只因大衛一時想做隻手遮天的大王，置自己於律法之上。大衛犯了一次罪後，心靈就生出罪疚、恐懼、焦慮，接下來很快就幹出更多更不堪設想的惡事。

我們在此處看到，罪永不是獨立、純粹個人的事。罪向四面八方發出造成擾亂痛苦的漣漪與波浪；帶來接二連三的後果。毫無疑問，拔示巴一離開大衛的牀，大衛已立時知道自己對她所作的事除了是錯，還可能會帶來不愉快的結果。但大衛肯定沒有想到，自己為要替這件憾事劃上句號，竟要行騙，設計陰謀，落到現在的田地。無論如何，雖然道德功利主義作為一門理論，仍有斟酌的餘地，但我們面對試探的時候，自欺的能力實在很強，而所期待的一刻強烈快感，比起因而可能會觸發的一連串不幸事件，看來似乎遠遠能抵得過去。罪像是有生命，就如感染傷口一樣，破壞我們與別人共同生活的道德架構，並且這感染會迅速蔓延。

大衛為了阻止事件惡化，保存自己的名聲，維持自己對公眾的影響力，因而捲入了這骯髒的權力遊戲；如今，他以為終可坐下來鬆一口氣。烏利亞死後，大衛娶了拔示巴為妻。拔示巴所生的孩子現在就可歸大衛，而不會受到責難，另外拔示巴最少也可免除當時作寡婦所會面對人所共知的經濟和社會後果。大衛的所作所為肯定不是令人心動的善事，也是可怕的道德亂局，但從某種意義來說，大衛想為事情負上一定程度的責任。

但當然，我們見到大衛另一個嚴重的計算失誤。大衛先發現自己無法控制拔示巴的生理狀況，再知道自己不能寄望烏利亞會向慾望屈服，當下同樣及時明白自己完全忽視了上帝那無所不見的天眼；大衛曾經很親近這位上帝，要擺上一生事奉祂。大衛到底在想甚麼，要隱藏自己的惡行不為世人所見，不惜犧牲別人？須知自始至終上帝都能看透事情表面的進程，能洞悉大衛行事背後的動機，上帝的判斷才是真正要緊的。因為好像聽故事的人一樣，上帝可看穿大衛的思想與內心，比大衛更了解他自己。但大衛忘記了上帝，上帝不再構成大衛用來釐定自己行為的道德分析因素。事實上，整個悲慘故事至此很明顯地完全沒有提及上帝的名字，大衛最後一次提到上帝的名字，是在撒母耳記下九章 3 節，大衛向一位侍臣問道：「掃羅家還有人沒有？我要照上帝的慈愛（*hesed*）恩待他。」上帝的「慈愛」

（或譯作「忠誠」或「信實」）？！若是根據大衛在第十一章的行為來讀的話，這問題實在充滿諷刺。「我要照上帝的慈愛恩待那些人。」大衛發出這問題時，他仍知道自己的呼召是甚麼，仍在每一件事上看見上帝的作為，明白上帝對他的旨意在每個環境中所帶的含義。但現在上帝完全被拒諸門外。我們故意做上帝恨惡我們去做的事時，就很容易會出現這種情況。在上帝注視下，我們要做上帝恨惡我們去做的事，實在很困難，於是我們要驅趕上帝。大衛正是這麼做了：但上帝沒有離去。上帝是故事中沉默的隱藏角色，目睹和聽見了一切事，當務之急是要找大衛對質，因大衛是祂所揀選的王，上帝又把自己子民的福祉託付在他的手中。

先知拿單向大衛說比喻的故事，本身是一個獨立的故事，結構巧妙，有其自身的張力及其化解，最後更帶出妙語如珠。但拿單的故事也是大衛的故事這不愉快之一頁的高潮。

首先請留意，雖然大衛知道自己做錯了，但仍沒有正確正視事情。所以，拿單說出比喻，先挑動大衛自己強烈而完好的道德感，觸發一段適度諷刺的對話。我們好像拿單一樣，能清楚見到當時正在發生甚麼事，不必拿單告訴我們「**你**就是那人」。我們已能看到比喻中的「富戶」的所為，在道德上與大衛自己的行為如何相似，但大衛卻看不到這點：他**仍未**看到。所以，大衛聽到這事後，便義憤填膺，甚至不由自主地執行自己作審判官的君王權力，(留意！)突然再次提到**上帝**的名字：「我指著永生的耶和華起誓，行這事的人該死！他必償還羊羔四倍；因為他**行**這事，**沒有憐恤的心**。」大衛如此惱怒的，並不只是偷竊的行徑，更是有人明顯濫用權力，完全罔顧窮人和弱勢羣體(在上帝眼中，這些人配得特別的保護和看顧，律法也如此指明)。在這點上，存在另一層面的諷刺。大衛很自然地用上帝的角度看事情，因上帝呼召他就是要這樣作審判，所以他便譴責拿單故事中的那人。可是，大衛卻沒有用這角度來看自己的人生，他讓自己變得盲目了。接著就是這故事的關鍵語句：「你就是那人！」大衛，就是**你**。你作了這事，這是你的故事，你不可以舒舒服服抽離自己。面對現實吧。**你**成了恃強凌弱的人，欺侮你要照顧的弱者。大衛的想像世界受到拿單巧妙所說的故事所逗弄。大衛被引誘上釣，勾上魚絲和鉛墜，當下無法擺脱，掛在魚絲的末端苦苦掙扎，受自己良心的指控(也是上帝的指控)。

最後，上帝透過自己的先知向大衛說話：「大衛，你為何**做了**這事？我賜給了你一**切**，你從來不缺**任何東西**。我賜給你權力、土地、財富、幸福。若你求我的話，我還會厚賜更多。所以，**為甚麼**？為甚麼背叛我，不信靠我，殘民自肥？為甚麼？」這些說話流露出極大的痛苦和失望；乃是在類似的處境中我們預期父親管教子女時所會説的話。但當然，這些也是審判的話：上帝接下來論到大衛的所作所為將會如何摧毀他迄今所享受的安逸生活，如何扭曲他與人的關係，迫使他過著內疚而羞愧的日子，又導致家庭破裂。大衛的惡行所帶來道德上的惡果，是不能逃避或掩藏的。大衛必須承擔和面對這些惡果，這些畢竟是他應得的，是他犯罪所得的「工價」。

大衛不再偽裝下去，也不試圖為自己辯護，而是默認自己現在所知的事實真相。「我得罪耶和華了！」你**可**説：「與上帝爭論又**有何用**。」事實確是如此。但大衛表現出的回應遠不止於此。如同在聖經中的其他地方，此處上帝的審判臨到某人的生命中，成為醫治和救贖的力量。過程是痛苦的，但痛苦能帶來生命的轉化。在這幾章中，不管進到大衛內心的東西是甚麼，不管有何力量叫他失心瘋掉，不能自拔，這一切使大衛對自己的現實處境變得盲目，無法看見事情的道德現實。大衛知道自己行得不對，但仍遠遠未意識到他所行的錯事會引發的可怕結果。經文也從沒有暗示大衛不必為自己的行為負責。大衛要為自己的行為負責，當下就要承擔可怕的後果。但上帝要復興大衛，赦免他，又懲罰他，同時也**救贖**他，就是藉著重新調整他扭曲了的眼界，叫他能用別人的角度來看他自己和他的處境。拿單的比喻達到單憑指責和説理論所不能達到的效果。大衛感到有罪又內疚，頭腦終於清醒過來，再次重整自己的眼光，用上帝的眼光來看世界。

那麼，我們從這故事學到甚麼？我們能否在這故事中發現**自己**？若能夠的話，又是在哪裏發現？毫無疑問，在我們人生的不同階段，答案都會有所不同。大概最自然的做法是，我們從故事中的主角大衛尋找某些關聯，我們確實應這樣做。無論我們在人生中有何角色和責任，都很容易會受到性或權力的引誘，並且很可能會在我們人生某些階段以某種形式試探我們。這故事清楚説明，我們起初看為微不足道的小過失，卻可能會引發滾雪球的效應。罪引致更多的罪。開始時一件獨立發生的事，很快便一發不可收拾，叫我們窒息，如急流般將我們沖下去，遲早會帶來死亡和毀滅。也許，還有一點，特別跟作領袖的責任和挑戰有關，或也關乎到所有與上帝緊密同行的人。當罪惡得以紮根，開始肆行破壞時，影響就會遠為巨大深遠。我們也應預備在其他角色和他們的經歷中發現自己。有些時候，我們可能會遇見被當成拔示巴的危險，或被呼召去做拿單。教會大概需要有更多拿單。因若我們要在罪惡仍未紮根前及早制止罪惡，就必需承認罪惡，勇於面對，並互相就此坦白。有時候，為叫這些事能以發生，我們**需要**經過一個沉痛的過程，回顧反省自己的形象：我們需要用別人看我們的角度來看自己，擺脱自我欺騙和自以為義的枷鎖，因我們很容易會以此作繭自縛。盡快行動，免得事情變得可怕地無法控制。

禱告

我從心靈深處向祢發出呼喊；
願祢的耳垂聽我因恐懼而發出的哀求。
主啊，祢若究察罪孽，誰能站得住呢？

他們犯罪時，祢以恩典責備他們，
所以願人們愛慕敬畏祢的聖名，
我的思想和眼睛也對準祢的寶座。

我的盼望單單在乎祢，我單單依靠祢；
我必信靠祢的聖言，速急飛往祢那裏；
遠在晨更未來以先，在早晨未到以前。

安穩活在上帝憐憫中的人啊，
願在祂裏面安息的人肯定自己得著完全的救贖，
他們罪愆的心靈可靠著祂得以復原。[1]

6

……在氣驕志滿之時

（王下五1～14）

我們首次讀到這故事中的乃縵，就外表看來，乃縵絕對有理由感到心滿意足。乃縵擁有我們現代人窮一生拼命追求的大多數東西。乃縵是亞蘭軍隊的元師（亞蘭位於以色列邊境北面，即是今日的敍利亞），肯定身家豐厚，身居要職而又極有影響力（第 1 節告訴我們，乃縵「很得王的賞識」〔參《聖經新譯本》〕），仕途非常成功（形容他是「大能的勇士」，在戰場上為亞蘭王打敗以色列），很快就可提早退休，坐享豐厚的退休金。人還可再夢寐以求更多麼？但這故事提醒我們（正如聖經一貫對我們的提醒），單單在物質上成功並不能帶來真正的滿足。儘管乃縵有權有勢，卻患上一種似乎無法治癒的皮膚病，使他形貌受損，失去自尊，叫人不敢與他接觸（因這病會傳染），更隨著歲月無情地擴散到身體各處。這就是乃縵面對的弔詭情況：乃縵是當今最成功、最有權力的人，但面對這侵蝕他肉體的疾病，卻完全無能為力，束手無策。

我們可以推測，乃縵如此身居要職，必定已尋訪了大馬士革最出色的私人醫生，甚至試用了好些從市集鬼頭鬼腦的「推銷員」所購得的另類祕方。到了我們見到乃縵的時候，乃縵似乎差不多已萬念俱灰。一旦痲瘋病蔓延至日常生活中難以遮蓋的身體部位，病情就實在不易掩飾。乃縵的病況變得顯而易見，甚至他家中的僕人也彼此談論（當然只會在乃縵背後談論他，而不會當著他逐漸變形的臉來說）。

家中的閒話終於傳到乃縵妻子的一個女傭耳中，碰巧這女傭是乃縵的部隊從邊境擄掠回來的以色列女子。乃縵的命運就此起了巨變，因這女子記得聽人說過撒馬利亞一位神人的事迹，那人是個先知，出名能靠著上帝的靈的能力大行奇事。這女子相信，這神人能輕易治好痲瘋病。

經文沒有記載這女子的名字，可能正因為這不幸的女子是最近才剛被擄，成為「戰俘」，但這小女子在這故事中發揮了重要的角色，只因她為自己所知道的事作見證。這小女子告訴主母有關這先知的事，看似是這幕戲劇中「微不足道」的部分，卻是不可或缺的一環，否則故事就無法延續下去。我們根據故事隨後的發展來看，便可視這「以色列國的小女子」為上帝的代言人，在恰到好處的時間和地點說話，而她也樂意講述她祖宗的信仰可為凡相信的人帶來甚麼好處。就是這樣，這小女子不能再做甚麼，也不必再做甚麼。她在故事中的戲分已完，我們之後再聽不到她的下落。女生在更衣室裏竊竊私語，說話的內容不久就傳開，更傳到乃縵的耳中，使他本已複雜與苛刻混合的人生更添煩惱。

所以，也許在當天吃晚飯的時候，乃縵的妻子便告訴乃縵(「你知道嗎，我的女傭在今天下午說了最天方夜譚的事……」)；嗯，至於乃縵，我們又認為他會如何回應？就算乃縵認真看待那婢女的話，但他又可以怎樣做？乃縵是亞蘭中極有權勢、極受尊重的人，卻可能因而惹人懼怕，甚至令以色列人憎恨。亞蘭實際上正與以色列交戰，即使亞蘭在軍事上箝制以色列，但若乃縵前往以色列求醫，則幾乎不可能會受到公開歡迎，更別說會獲得紅地毯式的款待了，而且之後還要接受令人羞辱的過程。人要解決問題時，心中自然預計要付代價，但所能付出的則會有其限度：要拜訪異教的巫醫，天知道要接受多少怪誕的儀式，有煙、又要抹油、又要唸咒……足以叫你毛骨悚然。但是，乃縵的皮膚此刻已經癢得「悚然」，若有任何機會可治癒這病，也許都值得一試。

所以，乃縵就帶著亞蘭王所寫的介紹信，出發前往撒馬利亞的以色列宮廷，這次是「社交性」的會面。乃縵與慣常隨行的駱駝隊伍、馬車及其他部隊一同出發，帶著數目龐大的亞蘭國家儲備(因以色列仍未發現國民保健服務的好處，而乃縵固然有足夠財力私人求醫)。順理成章，乃縵前往以色列政治和軍事力量的中心——王宮。毫無疑問，如果以色列中有人能治好痲瘋病，難道不會在王宮中找到這人？我們讀到這故事絕妙的一刻，看見乃縵的個人問題差點就釀成一則國際事件！以色列王約蘭眼見乃縵與他的部隊齊步朝向王宮進發，又讀到乃縵帶來給他的信，只覺得這是個陰謀，藉以用來發動另一場戰爭。「乃縵是我的元帥，他患了痲瘋病。你要治好他，否則……」為公平起見，我們讀聖經時要提醒自己，約蘭必定感到大為訝異，因他沒有讀過耶穌治好痲瘋病人的故事，而他的回應可能更貼近根據常識的理解：「治好乃縵的痲瘋病，這是甚麼意思？你以為我是誰？是上帝嗎？」雙方的談判開始變得很不愉快（約蘭很清楚，這局面極可能會被當成觸犯聯合國的決議或別的甚麼，約蘭也懷疑乃縵已在邊境部署好坦克，只是想找個借口發動襲擊）。這時，先知以利沙聽見當時的情況，就打發人去見王說：「不要驚慌，使乃縵到我這裏來，由我來應付他，他就知道以色列中有先知了。」（8 節）

接下來是倒數第二最惹笑的場面：乃縵的馬車、士兵和駱駝都圍聚在以利沙的門前。塵埃落定後，乃縵就從馬車下來，從園子的小徑走到以利沙的門前。可能當時烈日當空，乃縵一邊走，旁邊就有兩個僕人拿著巨大的芭蕉扇，替乃縵搧風消暑。當門打開時，乃縵肅然起敬，預備迎見這位宗教巫醫。乃縵心裏可能異常緊張，因他離開了自己熟悉的宮廷環境，不得不去到後街窄巷的診所求醫。

以利沙竟然不出門迎接，只打發了一個使者向乃縵說：「謝謝光臨。以利沙現在有點忙。但以利沙說，你回家途中只消在約旦河停一下，在河中浸身七次，你的病在幾天內就必痊癒了。」這是典型用來「送客」的言辭，大幅提高了故事的緊張氣氛，似乎一觸即發。當然，這故事實在關係到這一刻：乃縵會有何反應？以利沙是否不想有大團圓結局？他是否已加大了三倍人壽保險的保額？這位先知如此冷漠地對待有權有勢的乃縵，最終會否導致乃縵老羞成怒，大發雷霆，釀成災難性的結果？更多猶太的少女會否突然發現自己有機會在敍利亞富戶的廚房和閨房中工作？一切都是為這一刻而營造，一切都視乎這一刻的結果。上帝要考驗乃縵的品格。

乍看來，乃縵像是無法通過考驗，但他沒有因怒火中燒而大開殺戒，不像荷里活的編劇喜歡構思的劇情。我們讀到：「乃縵卻發怒走了，說：『我想他必定出來見我，站著求告耶和華——他神的名，在患處以上搖手，治好這大痲瘋！大馬士革的河亞罷拿和法珥法豈不比以色列的一切水更好嗎？我在那裏沐浴不得潔淨嗎？』於是氣忿忿地轉身去了。」（11～12節）這是很複雜的回應。某一層面上，這回應是出於憤怒，覺得被人「老點」。乃縵一向不會受人如此對待，更別說是被後街窄巷的宗教狂熱分子所戲弄，這人甚至沒有重要的政治高官作後援。乃縵來到這地區，已算紆尊降貴，因他通常在專業和社交場所中打滾；現在，這位傳說中的神人竟然不肯露面，只打發一個助手來傳話，這樣做簡直膽大包天，叫乃縵在他的部下面前臉子全丟。但乃縵的反應還有另一個層面，就是希望幻滅的層面。乃縵長途跋涉來訪，冒著希望再次落空的心情，最少也想覺得這次行程值回票價。乃縵期望以利沙會為他施行名副其實治病的宗教儀式。但以利沙拒絕迎合乃縵這些期望。沒有耍花招，沒有儀式，沒有以煙霧、鈴聲和口哨聲試圖戲劇性地呼喚神明的力量，只有「你回家途中在約旦河沐浴吧」。難道以利沙想要戲弄乃縵？乃縵沒有答應願意做這種事。這全是騙局，而且還是恥辱。若乃縵想要試一下河水的療效，亞蘭國本身也有兩道清澈的河流，多謝了。所以，乃縵心中氣忿忿地離去，用力關上自己馬車的門，似乎準備頭也不回就匆匆趕回大馬士革。

不過，乃縵的僕人不知何故、不知用何方法說服了乃縵（既然已長途跋涉，排除萬難來到），叫他暫且忍辱負重，放下尊嚴，回程時先途經約旦河。畢竟，乃縵這樣做又有何損失？乃縵的僕人說，倘若那人吩咐乃縵進行更複雜的儀式，乃縵本來也會做的。所以為何錯失機會，因那人其實只是叫他做這樣簡單的事。在第 13 至 14 節之間，乃縵肯定發生內心的交戰。乃縵會否冒險，叫自己看來可能更丟臉，聽從先知藉中間人向他所發的命令？還是，乃縵要保持自己僅餘的尊嚴，藐視那聽來荒唐的命令，在邊境一帶肆意破壞，最少令自己有一會兒覺得好過一點？

這是乃縵的關鍵時刻：乃縵遇見上帝的奇異恩典，透過先知表面上無禮的行為而臨到他，挑戰乃縵心底深處認為自己重要又有權有勢的感覺，要他面對一個抉擇。你認為乃縵可以如何？你是否願意冒險，即使失敗了仍不怕受傷，不怕在別人面前出醜？你會否抓緊這不太會成功的希望，違反所有理性的解釋，看看究竟會否如願以償？若真的成功的話，你是否願意冒險接受隨之而來所帶的含義？畢竟，如果**這樣做**成功的話，你就不會有其他選擇可用來解釋這事怎麼發生。不可指向任何儀式上的技巧，甚至與先知催眠的凝視或醫治的手都不相干。若**這樣做**行得通（在眾目睽睽下，就只有你與這約旦河），你便不得不承認某些事、某一位的實在，遠非瑜珈、香薰治療或心理治療所能相比。

嗯，乃縵把心一橫，決定索性一試。乃縵驅車到約旦河，在自己的部下面前，在岸邊脫下自己的衣服和佩劍，同時也放下自己的權力、財富和影響力，浸在河水中。然後，我們讀到「乃縵下去，照著神人的話，在約旦河裏沐浴七回；他的肉復原，好像小孩子的肉，他就潔淨了。」經文又寫到乃縵的回應，表明他不只是形貌改變了，卻是裏外都更新了。畢竟，痲瘋病只是乃縵的問題之一，象徵乃縵的心靈受到權力、成功和驕傲所逐漸蠶食（甚至痲瘋病只是其表面的徵兆）。乃縵回到以利沙的家中，這次帶著不同的心情，表明自己想要事奉上帝，因上帝透過這奇妙的事件震撼了乃縵的心靈，恢復了他的理智。乃縵回到自己的國家，帶著兩擔泥土，當成是「一小片」以色列地，在其上建立他自己的小祭壇，來敬拜耶和華。

這是人如何決志信主的故事。雖然這故事來自不同的文化和時代，卻提醒我們有些東西永不改變。聖經的上帝要捉緊某人，改寫他們的生命時，就經常會用上最奇怪的方法，拆卸人的期望，隱藏自己、用無法辨認的方式臨到他們，打擊他們的最脆弱之處。因為惟有經歷出其不意，返璞歸真，又或上帝呼喚我們踏出世人看來愚昧的一步，我們才能認出生命中真正有價值的東西，明白甚麼才值得我們效忠，甚麼卻不值得委身。

禱告

主啊，請祢來，祢施恩使我
　　得見祢尊貴的面；
若祢在地上的作為尚且甜美，
　　祢的榮耀將會何其廣大！

所以我不要再悲傷埋怨，
　　離棄軟弱犯罪的日子；
加入得勝聖徒的行列，
　　唱歌讚美耶和華！[1]

7

……在憶起一己身分之時

（尼四章，十～十三章）

尼希米記述說的故事，可說是由「真人真事改編」，故事寫得與現實生活的人物角色相似，決非巧合或無意之作。並非所有出色的故事（即使是聖經中的故事）都是由「真人真事改編」，但尼希米記的故事卻是這樣。尼希米、亞達薛西、參巴拉及其他人物，都是名副其實、有血有肉的歷史人物，而不是古代文學家所想像出來的精彩虛構。當然，這些事到底有沒有真正發生，或是否完全根據經文所記載的方式發生，就我們的目標來說，並無傷大雅（但就其他目標來說，明顯事關重大）。這故事本身、故事中的角色和故事鋪陳的情節才最重要；我們可查問這故事所帶出的價值和影響，而不追問故事的歷史準確程度，因這兩類問題可以獨立提出和處理。儘管如此，這故事最少在很大程度上是基於「真實生活」的處境寫成，因而鼓勵我們把這故事設置在更廣大的語境／上下文中，超越尼希米記本身的範圍，設置在上帝帶領以色列人的長篇歷史故事中。尼希米記本身帶有這種前設，假定讀者會熟悉以色列的歷史。

這故事始於一個在波斯宮廷裏的猶太公僕；但這故事假設我們知道（最少略為知道）這個猶太人究竟何以會處身在波斯的王宮。所以，為了有助我們更多了解這故事的內容和意義，我們值得先回顧下面的資料。

雖然尼希米記編排在舊約書卷的中間，但這書卷其實講到一個屬於很後期的故事，可以說，稍後舊約本身的默示很快就變得沉默，靜下來等著看上帝如何應驗祂古時向以色列所作的應許。但舊約結尾的故事決不流露寂靜主義，沒有熄滅盼望之火以迎接一段以色列安靜自省的時期。相反，這故事以高調子結束，強調幾乎急不及待的期盼和拭目以待，尋找上帝的手在歷史事件中的工作，預告那即將臨到的耶和華榮耀的大日子。尼希米記的故事就是這些當中最關鍵的事迹。

舊約的故事在主前五世紀中葉謝幕，就在這故事之前的幾幕（約一百年前左右），一眾出名的先知曾警告猶大國將會被擄（例如，見耶二十五章），此事終於發生了。巴比倫擄掠耶路撒冷，在城內到處破壞，王宮和聖殿也同樣遭殃；又隨軍擄去猶大國大部分人口，渡過曠野，擄到幾百里以外的地方（見王下二十五章；耶五十二章），只留下最貧窮和最缺乏一技之長的人自力更生。不過，政局變幻無常，轉眼又改朝換代，在短短二十年間，波斯帝國的首都書珊（今日的伊朗）就取代了巴比倫，成為中東的權力核心。比起尼布甲尼撒，波斯王古列較為善待自己的猶太屬民，在主前五三八年允許為數眾多的猶太人穿越曠野回到耶路撒冷，又准許他們重建已荒廢的聖殿（見拉一～四章）。對一個世紀後尼希米這一代的人來說，波斯王允許他們重建，就是上帝開始應驗祂藉著眾先知（像是以賽亞和耶利米）所作的應許，使祂的子民歸回錫安。在以色列人的心目中，這回歸的應許與另一些應許互相緊扣，息息相關，這些應許包括：會興起一位偉大的領袖，像古時的大衛王那樣統治以色列國，秉行公義，他又被稱為奇妙策士、和平的君、全能上帝、永在的父。上帝的子民回歸耶路撒冷，實在非同小可，百姓視為預告著更多更大的事將會陸續來臨。

於是，我們在這故事一開始見到尼希米：他不在耶路撒冷，卻身處耶路撒冷東面約八百里以外的書珊城，時間大約是首批猶太人從被擄回歸的一百年後。尼希米雖是猶太人（故事稍後披露，尼希米又忠心又敬虔），但不知何故仍然留在波斯，與仍留在波斯的猶太人一起。尼希米的父母、祖父母和曾祖父母大概都是既生於又卒於應許之地以外。但尼希米的故事一開始告訴我們，縱使路途遙遠，兩地仍有交通往來，而敬虔的猶太人會跋山涉水，盡可能回到耶路撒冷守逾越節等宗教節期，因耶路撒冷已再次慶祝逾越節。聖殿重建，固然觸發起一絲的期盼，但似乎只有很少迹象顯示，以色列會重生成為政治和屬靈上的強國。相反，哈拿尼從耶路撒冷帶回波斯京都的消息，卻足以讓尼希米聽後感到極其沮喪。非但不見有盼望和應許的迹象，耶路撒冷的猶太人更是「遭大難，受淩辱；並且耶路撒冷的城牆拆毀，城門被火焚燒」。

乍聽之下，這報告是個壞消息，但事情其實比起現代讀者表面看來要沉重得多。尼希米並非只是輕易地覺得心灰意冷，而是感到非常傷心，當他聽到耶路撒冷城的荒涼這壞消息時，他哭泣、悲哀、禁食。不過，雖然尼希米面容憔悴，卻沒有抑鬱成病。對猶太人來説，耶路撒冷的城牆既是實體的建築物，也是強而有力的象徵，與以色列國在上帝統治下的福祉息息相關。這城牆由所羅門王在以色列史的黃金時期所興建，實質上就象徵以色列民的整全和團結，並與列國分別出來；城牆是看得見的標誌，卻代表那看不見而又真實存在的分別或隔離。這城牆提醒人們，以色列無可避免處於世界，在其中發揮重要影響，但同時在很重要和深刻的意義上，以色列又不「屬」世界，真正不**屬乎**這世界的標準及其處事方針。所以，反過來看，耶路撒冷的城牆被毀，對猶太人來説，就不只是物理上的事實，更令人想到上帝子民根本上的屬靈和道德的敗壞，把上帝的標準與外邦神明的準則混雜起來。而城牆被毀，同時也是上帝的審判。在以賽亞書五章，上帝說：「現在我告訴你們，我要向我葡萄園怎樣行：我必撤去籬笆，使它被吞滅，拆毀牆垣，使它被踐踏。」這文學的意象成了事實，在主前五八七年，尼布甲尼撒的軍隊按時候來到，「焚燒上帝的殿，拆毀耶路撒冷的城牆」。由於發生了這些事，難怪重建城牆的計劃就成了以色列彌賽亞盼望的核心。所以，在以西結書四十八章30至31節，經文複雜而詳盡地描述新耶路撒冷將會建造的城牆的尺寸，而最終基督教的啟示錄作者承接了這意象，並加以發展（啟二十一12及其後）。以賽亞書四十四章論到耶路撒冷從灰塵中得復興，這同一個盼望的主題與古列下召叫以色列人從被擄回歸直接有關。

所以，我們可以明白何以城牆被毀和重建的主題會喚起這麼多的回憶和期盼；人們盼望上帝所揀選和膏立的統治者快快來到，拯救以色列，並在列國中建立上帝的國度。在尼希米的日子，猶太人就是這樣相信事情正在發生。尼希米離鄉背井，日復日在王宮作侍候，所熱切期待聽到的，就是這樣的信息。無怪乎，尼希米聽了哈拿尼的話，會如此傷心。哈拿尼論到一種根深柢固的荒涼處境，尼希米卻盼望聽到上帝的國得以增長。顯然，有些事情進展得很不對勁，有些重大的事必需完成。比起任何時候，現在似乎更需要那位上帝所應許的偉大領袖。不過，沒有迹象顯示天上的雲會分散，或天使的詩班會顯現，或上帝計劃完成的事會很快應驗。情況看起來卻像，尼希米一直以來所作的事都化為烏有，最少看來如此。

不過，尼希米把絕望轉為懇切祈禱，承認自己子民的罪，接受上帝對他們的審判是公義的，又直接訴諸上帝的應許，因上帝曾答允不廢棄與以色列所立的約，最終必會復興以色列。於是，尼希米漸漸有了頭緒，想到自己可以出一分力，協助需要完成的事。禱告就是這樣奇妙，尤其是我們為人代禱的時候，我們祈求上帝做一些事，但有時過了一會，我們就開始求問究竟自己會否參與其中（不管所佔的比重多少），協助實現我們自己的懇求。我們面對的問題或情況愈重大，需要等候的時間似乎就會愈長。我們想有雷轟、煙霧或神蹟的介入（偶而我們會見到這些異象）；但上帝所用的方法，似乎通常是較平凡的方式，要求我們親力親為，落手辦理。由於這是我們自己發出的祈求，就可能會發現自己位於首席獲考慮的參與對象。我們祈禱，就是立志排除萬難，努力促成禱告的結果所要求我們做的任何事。尼希米畢竟面對相當嚴峻的處境，突然醒覺到自己在其中也許要出一分力，但在第一章的結尾，尼希米大概仍未想到自己可扮演甚麼角色。

我們在本書的第八章會思想以斯帖的故事，而尼希米就像以斯帖一樣，本來是聖經中無足輕重的人物，卻搖身一變成為故事中的重要角色，從人的角度來說，他們都碰巧處於特定的時間和地點(當然，從上帝的角度來說，時間地點都恰到好處，尼希米置身其中，決非巧合！)。所以，尼希米為猶太人的慘況和上帝的應許大發熱心，激動不已，但他仍回去工作，(在上帝的奇妙安排下)作亞達薛西王的酒政！**碰巧**，亞達薛西王問到尼希米為何面帶愁容。尼希米又**碰巧**提到波斯國極西之處他子民的苦境。然後，尼希米張開眼睛不住地簡短默禱(上帝啊，求你叫他說:「你便回去辦好這事吧」，諸如此類)。亞達薛西王便說:「好的，你便回去辦好這事吧。」這樣，尼希米就明白到禱告潛在的好處和風險，二者經常是異曲同工的。

上述的背景或多或少帶領我們進入這故事在第四章的情節。在第四章，我們見到尼希米已回到耶路撒冷，帶著亞達薛西王的祝福、權柄和資源展開重建工作，並已向自己的猶太同胞言明他的計劃。不過，接下來的故事決非一帆風順，人人鼎力相助。有些人知道尼希米所做的事，就憤憤不平，設下陰謀打擊尼希米的工作，甚至不惜用暴力的方法鏟除他。顯然，我們逐步建立上帝的國度時，不總會獲得各處的歡迎。當下，尼希米的工程惹來了強大而危險的反對勢力，到底這反對的勢力源自何處？

嗯，我們可用參巴拉這人物來代表故事中其他的反對者。歷史學家告訴我們，參巴拉是撒馬利亞的省長，很可能由於政治上的理由，覺得尼希米帶著波斯王的御旨侵入了他自己的勢力範圍。但參巴拉反對尼希米的工程，還有另一些原因。參巴拉這名字透露了巴比倫的血統。在幾代前，在被擄期間，巴比倫人曾有計劃大規模地霸佔以色列地，而參巴拉大概是生於以色列或撒馬利亞。所以從地理上而言，參巴拉是原居民，而不是外地人。甚至，參巴拉似乎在某種猶太宗教信仰的背景下成長。稱為「某種」猶太信仰，是由於尼希米不認為那是一種純血統的猶太信仰和習俗。正如國家受到侵襲霸佔時常常發生的，文化變得混雜，地方的文化與其他文化產生怪異的融合。在這種混雜的情況下，宗教也不能倖免，反而更通常會首當其衝，為求實際上調整與迎合文化多元化的情況——起初是為了寬容與和諧共存等原因，後來則可能為了營造表面上深厚的民族根性——以掩飾其相對新近而空洞的文化身分。所以，儘管參巴拉為自己的子女起了與以色列上帝有關的名字，但他視自己為猶太人的根據，明顯與尼希米視何謂猶太人的根據**有所不同**。參巴拉認為尼希米是因循守舊的分子，用從前沒趣的方式看事情。所以，參巴拉在這故事的位置是不舒服的。參巴拉所依附的，是他的家和他的生活方式，他在其中才覺得自在。現在，尼希米威脅要闖入參巴拉的地頭，要擾亂天下，因尼希米要重新確立一種更刻板而帶來廣泛影響的古老信仰，參巴拉卻希望淘汰這種舊信仰，以另一種更寬容和多元主義的信仰取而代之。在二章20節，尼希米滿有自信而強硬地斥責參巴拉（「天上的神必使我們亨通⋯⋯你們卻在耶路撒冷無分、無權、無紀念」），必定傷害了參巴拉的心靈，也肯定旨在刺激參巴拉採取行動。於是，參巴拉怒不可遏，千方百計妨礙尼希米的工程，定意掃除尼希米所代表的守舊保守主義。

故事發展下去，尼希米最終取得勝利，城中再一次大聲誦讀上帝的律法，又舉行全國公開重新委身立約的儀式。就在這時，我們發現百姓面對潔淨的問題（種族、文化和信仰上的潔淨），並有某種高壓的意識形態對這問題作出回應，是我們可能感到難以理解或接受的。在十章28節，我們讀到有些人聽見上帝的律法後，就「離絕鄰邦居民，歸服上帝的律法」。此話到底怎解，我們無法斷定，但以斯拉記（敘述同一個故事）則指出有些家庭慎重（故意）地分開了，因著人種的緣故，送走了自己的妻兒（見拉十2及其後）。清楚可見，有一股壓力驅使上帝的子民要解開已糾纏了幾代的混雜關係，這種壓力成為一種官方政策，滲入百姓生活的每一層面。當然，這種思維鼓勵人區分「我們與他們」，可能會導致社羣中出現各式各樣的問題，因家人會與家人反目，鄰舍與鄰舍為仇，同事與同事割裂。近代歷史中，前南斯拉夫的塞爾維亞人（Serbs）和克羅地亞人（Croats）、或盧旺達的胡圖族（Hutus）和圖西族（Tutsis）所發生的類似事件，都必須非常小心處理，並可能會引起好些不恰當的聯想，與聖經的情況不太切合。不過，在某些層面上，這種比較可能很發人深省，肯定可表明這類政治動力所會帶來最糟糕的境況。尼希米記十三章是這故事的尾聲，確實見到一場輕度的種族清洗（「輕度」的意思是指，不像巴爾干半島與盧旺達的情況，那場種族清洗沒有故意使用暴力和殺人），為要在上帝所治理的世界中清楚重尋以色列自己的身分。

我們身為讀者，感受力受了現代自由民主思想影響，可能會覺得這幾章的調子與我們的社會和政治觸覺大相逕庭，甚至難以對這故事表示認同。但我們下判斷之前，有幾點值得一說：第一，這幾章寫下來，不是為要給我們作效法的榜樣，套用在現代的政治處境，而是用來描述以色列國在某一個歷史關鍵時刻所面對的嚴峻危機。當然，這故事沒有全面掌握到以色列對其他種族、宗教和文化的態度，甚至所反映的也不是這幅圖畫最重要的一面。事實上，在古時，上帝已要求以色列人看顧「以色列境內寄居的人」，而這命令有徹底的神學根據：「因為耶和華——你們的上帝——他是萬神之神，萬主之主……不以貌取人，也不受賄賂。他為孤兒寡婦伸冤，又憐愛寄居的，賜給他衣食。所以你們要憐愛寄居的，因為你們在埃及地也作過寄居的。」（申十 17～19）除非猶太人患了嚴重的健忘症，否則必定清楚明白作為種族和宗教上少數羣體受有權有勢者壓迫的滋味。此外，以色列要效法耶和華如何對待他們的聖潔榜樣，在有需要的時候，去保護和拯救受到類似壓迫的少數羣體。不像埃及，以色列要寬大為懷、慷慨包容、與上帝的性情相稱。然而，緊接這段申命記的經文，下一節經文就提出警告：「你要敬畏耶和華——你的上帝，事奉他，專靠他，也要指著他的名起誓。」(申十 20)

有些時候，在某些處境中，寬宏可能會變成妥協，容忍會等於漠不關心，包容會導致實際上高舉另一些原則，與羣體自己獨特的身分相抵觸，因而危及到該羣體往後的存留(可能損害到該羣體對其他人的價值)。如果出埃及記的上帝，確實釋放了自己的子民去成為一個寬宏又賜生命的羣體，那麼，惟有當這羣體忠於自己與上帝的關係，遵守上帝在誡命中所頒布的立約生活方式，他們才成為這種羣體，活出這種生命。上帝從列國「呼召以色列出來」，正是為要藉著以色列獨特的存在，祝福萬國。所以，上帝不惜一切要求以色列持守自己的獨特之處。舊約描寫以色列人最早的記憶所及時，已很關注與外族通婚會導致文化和信仰界線變得含糊的問題。所以，我們在創世記二十八章讀到：

> 以撒叫了雅各來，給他祝福，並囑咐他說：「你不要娶迦南的女子為妻。你起身往巴旦·亞蘭去，到

你外祖彼土利家裏，在你母舅拉班的女兒中娶一女為妻。願全能的上帝賜福給你，使你生養眾多，成為多族，將應許亞伯拉罕的福賜給你和你的後裔，使你承受你所寄居的地為業，就是上帝賜給亞伯拉罕的地。」（創二十八1～4）

在這段經文中，我們碰上以色列故事另一個關鍵時刻，再次看到不同的關注並列起來，諷刺而又弔詭。以撒所關注的，就是他兒子雅各（雅各將會變成「以色列」、作十二支派的父）不可危及上帝賜給亞伯拉罕的祝福，因那祝福要透過亞伯拉罕的後裔流傳下去。所以，以撒奉勸雅各要「維持家族血統」，避免由於互相衝突的家庭利益，而使血統變得不純正，甚至隨流失去。然而，此處所正正關乎到的，最終卻不是雅各和他後裔所得的祝福，而是萬國要**藉著**（in and through）雅各和他後裔所得的祝福。此處劃出文化、信仰和種族上的分別，在我們看來可能有點心胸狹隘，自以為高人一等。但這些分別根本不是為要排斥別人，卻正是為要叫他們融入而進到上帝拯救的祝福，那祝福「是為所有人而設的」。不過，以色列不需要讀任何社會學的參考書，也能明白假若他們與未受割禮之人廣泛通婚，允許割禮的記號受人輕視，他們獨特的信仰和習俗就很可能會發生怎樣的後果。一旦迦南女子向猶太男子拋媚眼（或猶太女子向迦南男子拋媚眼！），自那一刻起就總是令人提心吊膽，彷彿堤壩出現了一道裂縫，假以時日，就會滲出水來，然後變成一道小水流，最終導致決堤，以致上帝對以色列的呼召被水沖去，無人紀念。

在出埃及記三十四章，上帝與以色列人重新立約時，提出了同一組的關注。發生拜金牛犢的事件後，耶和華對摩西說：

> 你要謹慎，不可與你所去那地的居民立約，恐怕成為你們中間的網羅；卻要拆毀他們的祭壇，打碎他們的柱像，砍下他們的木偶。不可敬拜別神；因為耶和華是忌邪的上帝，名為忌邪者。只怕你與那地的居民立約，百姓隨從他們的神，就行邪淫，祭祀他們的神，有人叫你，你便吃他的祭物，又為你的兒子娶他們的女兒為妻，他們的女兒隨從她們的神，就行邪淫，使你的兒子也隨從她們的神行邪淫。（出三十四12～16）

申命記七章從負面的角度指明相同的命令：「不可與他們（列邦）結親⋯⋯因為他必使你兒女轉離不跟從主⋯⋯因為你歸耶和華——你上帝為聖潔的民。」（申七 3、4、6）

上述的經文提供重要的背景資料，可解釋尼希米何以頒下如此嚴苛而令人不快的社會措施。約一百年前，正是由於以色列人在文化上通融，又拜偶像，才導致上帝審判猶大，使他們亡國被擄。現在，被擄後仍留在耶路撒冷的幾代人似乎沒有吸取教訓，又再帶著私心觸犯過去的界線，與心靈如同身體那樣都未受割禮的人苟合，由得他們作上帝子民的身分徹底含糊不清。在這處境中，尼希米、以斯拉和其他人也被迫承認一個事實：他們要重建這廢墟，決不純粹涉及建築的層面。百姓被迫與其他種族分離，實際上就如同從另一個層面上重修故事前面提及的城牆。這樣做並不愉快，若不是到了最緊急的關頭，也不會發出這種命令。但這故事正是關係到最緊急的關頭，這羣上帝呼召出來的子民，其民族的身分正岌岌可危，因而這身分在歷史中所體現的應許和目的也出現危機。尼希米執行的政策帶來痛苦擾亂，那種痛苦擾亂正反映出上帝子民身分遭人遺忘的程度，又反映出上帝施恩的救贖有多寶貴，叫應許可承傳下去，不致失落。

尼希米的上帝也是我們的上帝，就是我們在耶穌裏所認識的上帝。無論這故事關乎甚麼，這故事是論到要發現（或恢復）我們獨特身分所帶的含義和可能要付出的代價。我們如同這一位上帝所呼召與祂團契的人那樣，但他們活在這世上若不是抗拒上帝這呼召，就是想方設法拿自己的條件與上帝討價還價。所以，這故事肯定沒有向我們提供一幅政治或社會的藍圖，教導我們在主後二千年的多元社會中如何生活。但更重要的是，這故事確實叫我們留意信仰與身分的問題（以及妥協所帶來的棘手後果），既適用於尼希米的時代，又肯定同樣適用於我們的時代，在可辨認的多元處境中更尤其合用。新約也告誡我們在某些種類或程度的事上對非信徒的遷就，我們身為基督徒讀者，不應忽略或低估這事實。尤其是，保羅呼應舊約不可「與外族通婚」的命令，寫道：「你們和不信的原不相配……信主的和不信主的有甚麼相干呢？」（林後六 14～15）明顯，信徒和非信徒也可能有一**些**共同之處，甚至共同的地方很多，在一些重要方面的事上也相同。但是，保羅提出這問題，為要向我們表明一個洞見：由於基督教信仰和婚姻都涉及到深度的委身，環繞生活所有方面，以致信仰和婚姻不可能好好地配合起來（婚姻的委身本身就是信徒向基督委身的其中一面），因而或遲或早人的心在兩者互相競爭之下，結果必定是信仰或婚姻任何一方會受虧損。保羅是說，由於這種情況可能會發生，故防範於未然，才是上策。

不過，同樣值得留意的是，保羅也談到有些人已結婚，後來信了基督，而他們的配偶仍未相信。保羅便說，為著婚姻和子女的緣故，只要未信的配偶同意維繫婚姻，婚姻就應持續，並因基督同在的緣故而「成聖」（見林前七 12～16）。保羅既問到「有甚麼相通呢」，我們就可能預期會聽到與尼希米勸以色列「從與列國糾纏不清的關係中分別出來」類似的勸告。但保羅當下處理的是基督徒生活的規律問題，而非以色列歷史的關鍵時刻，故此可以更優先考慮家庭的幸福和所涉及的顧慮，又能用更彈性的態度看待信與不信的聯合，固然不算理想，但因著連於基督的緣故，也可能得著祝福和救贖。毫無疑問，與未信者結婚的基督徒會更直接面對挑戰，可能會變得妥協，削弱他們對基督的委身；但所有基督徒無論如何也總會在其他環境中面對這類挑戰和危險（就算兩個信徒結婚，也不能倖免；見林前七 32 及其後）；而保羅自己揣度，在有未信者的家庭中，信徒忠心忍耐活出見證，就可能成為上帝使用的工具，吸引其他家人歸主。

事實上，保羅書信和甚至整部新約也反映出一種張力。一方面意識到，基督徒受召要與羣眾不一樣，「分別」為聖而歸主，屬乎聖靈而不屬肉體；另一方面，他們又必須完全入世，通常表現得與眾不同，抗衡文化，帶有轉化生命的潛力：在黑暗之處作明光，在每況愈下的世界中作潔淨和防腐的鹽等。基督徒身分能帶出分別，但最終必不可因而犧牲了世界，卻是要為了世界和世人的好處而作。基督徒處身於世界中，最終並不「屬於」世界，而這種寄居的狀況有時必須以獨特的生活模式表達出來，這些模式相當於擺脫世人的期望和價值觀。然而論到擺脫，兩樣東西一開始時要很接近，才會需要脫離，才可以脫離；光要放在黑暗裏，才能被看見；鹽放在一處，與要用鹽來保存的食物隔離，就沒有實際的用處。所以，基督徒受召要「分別出來」，肯定不等於與非信徒或我們世代不信的文化「完全不扯上關係」。但要「扯上關係」，也有很多不同方式，而尼希米的故事提醒我們，在一些場合和處境中，儘管我們已完全入世，最重要的卻是劃清界線，重新確立我們身分的界線，重建城牆，以致可清楚看出哪些人是在城裏，哪些人是在城外，即使這樣做會令我們和別人都覺得痛苦（情況通常會是這樣）。

禱告

我們在天上的父，

願人都尊祢的名為聖。

願祢的國降臨，願祢的旨意行在地上，

如同行在天上。

我們求祢指示我們的生命，

不論是自己或是教會，

何處有破碎的牆，有被焚燒的門，

我們求祢澆灌賜下聖靈，

叫我們能以重修那些破口，

叫所有人都被祢救贖之愛的光所吸引。

阿們。

8
……在時勢所迫之時

（斯四1～五8）

我們主要會講到以斯帖故事的關鍵時刻，在第四至五章，以斯帖親自採取決定性的行動。不過，我們必須先回顧一下這故事。故事背景設在主前五世紀的書珊城，這是波斯帝國的兩大首都之一。事實上，書珊（位於現代的伊朗）是所有聖經敍事中所記載最東面的地點，就如羅馬位於所有聖經故事中最西面的位置。波斯帝國的版圖橫跨印度西北面至埃塞俄比亞，是當時前所未有最龐大的帝國，覆蓋世界上大多數已知之地。所以，亞哈隨魯王是世上最有權力的人，統治這龐大的帝國，而他在書珊建造了用來過冬的宮殿。理論上，亞哈隨魯是不折不扣的專制君主：天下都要聽命於他。但我們閱讀以斯帖記時，很快便發現實際上亞哈隨魯十分軟弱，無法自己拿定主意，很依賴自己的謀士，也很容易受到謀士操縱。

這時候，猶太人散居在波斯帝國的不同地方，也包括住在書珊城內。故事中的兩位主角，都來自書珊城的猶太社羣：以斯帖，及她的表哥末底改。以斯帖小時候喪失雙親，末底改便將她撫養成人。以斯帖還有一個特別之處，就是她極其美麗。

以斯帖的故事上半部聽起來像童話故事：平凡的猶太少女，搖身一變成為王后。亞哈隨魯要找妻子，因他被前妻激怒，將她逐出了王宮。亞哈隨魯其實不缺少妻子，就像其他東方的君主，最少有整個後宮的妃嬪。帝王的勢力愈大，擁有的妃嬪就愈多。但亞哈隨魯不是想找妃嬪，而是要找一位王后。王后需要出類拔萃，不一定要特別聰明或有一技之長，但必須要絕頂漂亮。於是，王的謀士就向王獻計（亞哈隨魯本身可能從沒有這念頭）。全國的官員得搜索出最美麗的女子，將這些女子帶到書珊，來一次古代環球小組競選。這場選美確是非同小可！掌管女院的太監親自選出最漂亮的女子，在王宮的美容院美容護膚十二個月。她們要進行十二個月美容預備，亞哈隨魯王才會逐一觀賞她們。

以斯帖就是云云候選佳麗之一，很快就成為女院主人的寵兒。以斯帖一定相當年輕，這樣美麗的少女踏入青春期後，必定很快就會出嫁。以斯帖進入王宮的女院時，必定只有十二、十三歲左右。當然，以斯帖自己沒有選擇的餘地。在書珊城，你要遵行官員所發的一切命令（最少大多數情況下是這樣；但我們很快會看到一次驚人的例外）。但以斯帖沒有透露自己是猶太人的身分，她的表哥末底改勸她不要說出來，必定是由於猶太人在波斯社會中受藐視，屬於社會邊緣的羣體。顯然，末底改不想以斯帖的猶太人身分，妨礙了她成為王后的機會。末底改何以希望以斯帖成為王后？我們可能會想到，在外邦帝王的宮廷中，這名猶太的小女子難以會過好的日子。或許，末底改對以斯帖抱有很高的期望。他可能是想到，王帝身邊有一個猶太人的代表，對猶太民族會很有利，也許能夠保障他們的利益。

一年後，以斯帖終於有機會朝見王帝。亞哈隨魯王「愛以斯帖過於愛眾女，她在王眼前蒙寵愛比眾處女更甚。王就把王后的冠冕戴在她頭上，立她為王后」(二 17)。亞哈隨魯王為以斯帖大排筵席(以斯帖記共記載了幾次筵席，這是其中一次)。這故事似乎從一個筵席，談到另一個筵席。我們可想像這王宮的奢華宴樂、揮霍無度。這童話故事至此講到：以斯帖不只是平步青雲，更是由平凡猶太女子變成世上最強大帝國的王后。不過，值得留意的是，以斯帖至今仍沒有做過任何事。在每個階段中，都有人告訴以斯帖要怎樣做。以斯帖遵照她表哥的吩咐，她肯定一生人也聽從表哥的話。以斯帖去到女院，就要聽命於女院的主人。以斯帖快要見王時，經文告訴我們，她可選擇任何自己想佩帶或裝飾的飾物，但事實上她只戴上女院主人囑咐她戴上的。就當時的文化而言，這樣年輕的女子表現得如此被動和服從，實在不足為奇。再者，沒有迹象顯示以斯帖身為王后，除了需要美艷動人，隨傳隨到陪伴王之外，還要有甚麼要求。以斯帖即使身為王后，仍需要惟命是從。至今，以斯帖仍沒做過甚麼事，足以證明值得用她的名字來為一卷聖經書卷名命。

哈曼這壞蛋登場時，這故事頓時不再像是討人歡喜的童話，反而變成好像納粹德國。哈曼是最早的反閃族主義者，最先想出鏟除猶太人的種族屠殺。我們才剛看完世界小姐競選，現在突然轉而目睹毒氣室。當然，我們仍處身東方宮庭的世界。哈曼是波斯帝國的宰相，亞哈隨魯樂意將大權賜給他，巴不得有個可信任可依賴的人代替他親自作決定。可惜，亞哈隨魯甚至在挑選宰相的事上也判斷失當。哈曼野心勃勃，極度自戀，荒唐怪誕地在意自己的地位和尊嚴。哈曼說服亞哈隨魯，下令王的臣僕都要用最繁瑣的禮節向哈曼行禮，要彎腰向他鞠躬，彎得頭與腳靠在一起，這乃是古時表示降服的姿勢。有一個人卻不肯就範：這人就是猶太人末底改。經文沒有告訴我們原因，但我們相信末底改與另一些猶太人認為，向外邦統治者施行如此表示降服的大禮，是不應當的，因上帝的子民只應向上帝表示降服。我們如此猜測，但這故事完全沒有提到上帝，我們稍後會再談這點。

哈曼怒不可遏，每次遇到這個頑固、竟敢不向他行禮的猶太人時，他就怒火中燒。我們見到這自大狂怒氣填胸，愈發囤積，經文告訴我們，「他以為下手害末底改一人是小事」，所以便查明末底改屬於甚麼民族，然後設計「要滅絕亞哈隨魯王通國所有的猶大人」（三6）。這實際上涉及到當時全世界的猶太人。哈曼因覺得自己受了冷落，為了報復一個人的不服從，竟策劃種族屠殺。而哈曼確有能力這樣做。在歷史中，實質上只有在這時候，猶太人全都在一個單一政體中生活，受一個人的專權所擺佈。當然，只有亞哈隨魯才獨攬大權，但哈曼既是他的寵臣，就不難説服亞哈隨魯下旨。以下的文字令人毛骨悚然，首次記下一段後來成了標準的反閃族指控：

> 哈曼對亞哈隨魯王說：「有一種民散居在王國各省的民中；他們的律例與萬民的律例不同，也不守王的律例，所以容留他們與王無益。王若以為美，請下旨意滅絕他們；我就捐一萬他連得銀子……納入王的府庫。」（三8～9）

亞哈隨魯甚至沒興趣知道這民族到底是甚麼人，只是想確保由哈曼全盤跟進處理這事。於是，這帝國政府的高效率機制就馬上發動，王的御旨根據哈曼所吩咐寫成，用國家著名的高速傳驛系統傳遍各省。在指定的日子，王的臣民就可在自己的地區屠殺猶太人，連女人和小孩兒也不放過，然後可掠奪猶太人的財產（這是必不可少的誘因）。二次世界大戰之前，註釋以斯帖記的人有時會覺得這情節太難以置信，認為是來自某種猶太人受逼迫的情結。納粹屠殺猶太人的事件發生後，人們就開始用截然不同的角度解讀以斯帖記。有一件事值得回顧，在納粹的死亡集中營中，由於猶太人沒有聖經，他們就憑記憶默寫出以斯帖記，要在普珥節誦讀，因猶太人每年在這節期也會誦讀以斯帖記。

我們來到我們對這故事的焦點所在，此處我們必須特別留意以斯帖本身流露的改變。在四章11節前，以斯帖仍是順服的小女孩，遵從末底改吩咐她的一切命令。末底改要求以斯帖去與王說話，以斯帖卻說：「我不能去，這是宮中的規例所禁示的。」這時，以斯帖實在落入兩難之間，不知應服從她的監護人，還是應服從她的帝王丈夫。以斯帖不得不自己作決定。以斯帖能否冒險激怒亞哈隨魯王？末底改向以斯帖說了最後一段話，成了整個故事的轉捩點，又成了以斯帖自己故事的轉捩點：

> 末底改託人回覆以斯帖說：「你莫想在王宮裏強過一切猶大人，得免這禍。此時你若閉口不言，猶大人必從別處得解脫，蒙拯救；你和你父家必致

滅亡。焉知你得了王后的位分不是為現今的機會嗎？」（四13～14）

以斯帖得以提升到今時今日獨一無二的地位，並不是由於她做了甚麼，這一切都只是發生在她身上。也許如末底改所指，以斯帖得了王后的位分，就是為了應付如今的時刻，因她的子民面對種族屠殺的浩劫，而以斯帖身為王后，或可能扭轉這厄運。以斯帖想通這點，就變得不一樣了。以斯帖突然明白自己必須採取行動。以斯帖聽從末底改的勸告，但不像她從前服從末底改那樣，而只是接受末底改顯示給她的角色，臨危受命。以斯帖如何運用自己的身分，當下就由她自己決定。以斯帖必須決定她要怎樣做。她必須鼓起勇氣，智勇兼備。以斯帖一下子就長大了，終於能成為自己，獨立自主。

以斯帖馬上告訴末底改應怎樣行，這肯定是以斯帖一生中，第一次告訴自己的監護人要怎樣做。這也是第一次，「末底改照以斯帖一切所吩咐的去行」（四 17）。我們要明白這新發展會帶來怎樣的結果，可預先閱讀以斯帖記的結局，我們見到以斯帖向全體猶太人下旨。「王后以斯帖」（當時的人這樣稱呼她；九 29～32）下令設立普珥節，以紀念這故事的事件。從第四章的結尾起，以斯帖便真正成為王后，而不只是王的妻子，要惟命是從，供他取樂；

以斯帖本身變得帶有實權，採取主動，承擔責任。

在第五章一開始，以斯帖首次被稱為「王后以斯帖」（五 2）。從那時起，以斯帖就掌握自己的人生，開始設法改變亞哈隨魯王的思想。以斯帖要扭轉哈曼對亞哈隨魯王的影響，實在談何容易，我們知道以斯帖必須計劃周詳。亞哈隨魯王其實只想過安逸的日子，於是以斯帖等待時機。即使亞哈隨魯王為以斯帖著迷，願意答允她一切所求，就是賜她國的一半也在所不惜，但以斯帖仍不著急。東方的君王想炫耀自己有多慷慨時，便會說出這種話，但亞哈隨魯王會否言不由衷？以斯帖不想壞了大事，繼續等待適當的時機。所以，以斯帖邀請王與哈曼一同赴宴，亞哈隨魯王再次答允賜她一切所求，但以斯帖再次婉拒，反而提議明天再擺設筵席⋯⋯讀者若不曉得故事的劇情，可自己讀一遍以斯帖記。我們在此處不會再追蹤故事的發展，會反過來思想末底改所説構成故事轉捩點的那段話。末底改説出那段信息，激發了以斯帖，激勵她發揮自己裏面獨立而勇敢的質素。

我們應先留意，末底改深信無論以斯帖是否作出行動，猶太人也必會得救，必倖免於難。末底改何以有如此信心？末底改口中雖沒有提到上帝，但肯定這是因為他相信上帝會持守自己對祂子民所作的應許，不會由得他們滅亡。因上帝必會信守自己的應許，必會忠於自己的子民，故即使以斯帖沒有行動，猶太人最終也必安然無恙。但末底改說，焉知你得了王后的位分不是為現今的機會嗎？我們要明白這句話，必須再次將上帝放入這幅圖畫中。末底改是說，也許是上帝將以斯帖安排在這位置，叫她能夠影響亞哈隨魯王，因上帝對以斯帖有祂的旨意。沒錯，以斯帖後來接受了這上帝所賜的召命。以斯帖想到上帝託付了這使命給她，就得著動力，叫她能以看到自己實在可以做到的事，激發她新發現的勇氣和智謀。以斯帖成為自己，因她現在看自己是屬上帝的人。

那麼，為甚麼末底改和以斯帖沒有實實在在提到上帝？我們讀到四章 14 節時，實在難以不想到上帝，但經文小心謹慎地不提上帝。在第 16 節，以斯帖向末底改說話，經文仍然不提及上帝，著實奇怪。以斯帖談到禁食：書珊城所有的猶太人都要禁食，以斯帖和她的宮女也會禁食。猶太讀者看來，禁食意味禱告，禁食是為了幫助禱告。禁食可表明一個人有多認真看待禱告。離了禱告，禁食就沒有價值。所以，第 16 節**暗示到**上帝，卻沒有直接提出來。

事實上，整卷以斯帖記從未提及上帝，直到結尾也不曾一次提到。這是以斯帖記非比尋常的特點：一卷沒有提到上帝的聖經書卷（只有兩卷聖經書卷是這樣，另一卷是雅歌）。在字裏行間，我們見到沒有提及上帝的經文是那麼顯而易見，最少如果我們曾讀過其他聖經書卷，就必定會留意到這點。

在所謂的典外文獻或次經中，另有一卷較長篇的以斯帖記。兩者最主要的分別在於，次經的以斯帖記在我們預期會讀到上帝名字的地方，都加上了上帝的名字。例如，在第五章一開始，以斯帖鼓起勇氣要救猶太人脱離種族屠殺的厄運之前，次經的以斯帖記加插了一段很長的禱文，講述以斯帖祈求上帝幫助她即將進行的計劃。這長版本的以斯帖記肯定是後期的版本。這版本編寫出來，是由於當時的人明顯與我們有所同感，覺得以斯帖記理應要提到上帝。於是，有人擴寫以斯帖記，把這書卷寫得更富宗教色彩。不過，這事正再次突出了原本的以斯帖記看來多缺乏宗教色彩，看來有多世俗。以斯帖記特意不提任何神明，除了沒有提及以色列的上帝，也沒有提起任何外邦神祇。波斯的宮廷中，似乎根本沒有任何有關宗教的事發生。如果我們曉得古代世界的宮廷筵席，就會預期在筵席中看到有人向諸神奠酒，向神明獻祭，但以斯帖記中的筵席卻沒記載這類儀式。哈曼是猶太人的大敵，經文卻沒有描述他拜偶像，拜假神。若哈曼果真敬拜任何東西，那就肯定是敬拜自己。

那麼，在以斯帖記的世俗世界中，上帝究竟在哪裏？其實，從很重要的意義來説，我們也可向自己的世界發出這問題，因我們大多數人大部分時間都生活在這樣的世界中，而這世界卻很少會提到上帝。在我們這看來無神的世界中，上帝究竟在哪裏？

雖然以斯帖記完全沒有提及上帝，但以斯帖本人卻是在這表面上世俗的生活中遇見上帝。而到了以斯帖記的結束，上帝拯救了自己的子民以色列脫離哈曼所密謀的種族屠殺。換句話說，雖然經文沒有提及上帝，但對於有信仰的讀者，他們既已從聖經的其他地方學會了如何在生活中察驗上帝，因而也會在這敘述的字裏行間發現上帝。也許他們不會一開始便發現上帝，但四章 14 節是轉捩點，從這節經文起上帝就變得隱約可見。我們已看到，對以斯帖本人來說，末底改在四章 14 節所說的話起了決定性的影響。在那一刻，以斯帖在時勢所迫之下遇見上帝，想到自己的人生在當時的危急關頭中具有獨一無二的地位，就明白上帝託付了她要做一些事。不過，隨著故事發展，我們知道猶太人得到拯救，不純粹由於以斯帖有勇有謀行事，也由於事情相繼在偶然巧妙的安排下發生；我們也許可說，這些事拼湊起來，使上帝的子民因而得救。例如，在第五章以斯帖為亞哈隨魯王設宴的那一夜，假如亞哈隨魯王沒有因失眠而叫人取歷史來念給他聽，事情的發展很可能會變得很不一樣（我們當中若有人經常失眠，可能惟有讀到這段敘述時，才會對亞哈隨魯王有一點同情）。以斯帖記的故事之所以發生，是因以斯帖自己付出努力，加上她所無法控制的事又發展得恰到好處，兩件事的結合才帶出這美好的結果。換句話說，以斯帖臨危受命，從這事上可令人認出上帝；但上帝保守眷顧，親手引導事情發展，也可令人認出上帝來。以斯帖的足智多謀遇上上帝奇妙眷顧的手相助，行事得以事半功倍，並確保獲致成功的結果。

另有一個更出名的故事，講到從前有人想要消滅上帝的子民，但上帝的子民最終得救；那故事就是出埃及記，值得與以斯帖的故事作出比較。在以色列人出埃及的故事中，上帝的同在和行動很明顯，根本清楚不過。上帝向摩西說話，向埃及降災殃，將紅海的水分開。我們把出埃及的故事與以斯帖記作出比較時，就會再次發現以斯帖記很明顯不提上帝。從某種意義上，我們可說以斯帖就是第二摩西，但以斯帖沒有像摩西蒙上帝呼召的經歷那樣，有上帝在焚燒的荊棘中向摩西顯現；以斯帖沒有可引證她使命的神蹟可用來向王表明，不像亞倫可用杖變蛇；沒有雲柱引導以色列人走到安全之地；在以斯帖記中猶太人得救，也沒有神蹟的事發生。以斯帖蒙召為她的子民和上帝作出行動，純粹由於她明白到當時形勢艱難。以斯帖記中的神蹟是甚麼？就是有些事情巧合發生，出乎意料，另一些事情則經過精心部署，順利成全。以斯帖記的內容不會令人明顯察覺到上帝，不像出埃及記中上帝向摩西和以色列人顯現那樣；反而，讀者需要用信心的眼睛，才能在生活的環境和事件中發現上帝。

由此看來，比起摩西的世界，以斯帖的世界更貼近我們大多數人在大部分時間下所經驗到的世界。這不是說，焚燒荊棘的經歷和出埃及類型的事件不會發生。但若我們脫離了超乎尋常的事件，便不能在生活中遇見上帝，那麼，我們大多數人在大部分時間下就只會失望而回。雖然我們很難絕對確定為何以斯帖記的作者決定省略所有明顯對上帝的指涉，但這作者可能是想向讀者指明如何在每天營營役役、看似沒有上帝的世界中察覺到上帝，因並非人人可找到神蹟的路標，向他們指示在哪裏可尋見上帝。我們閱讀以斯帖的故事，就需要用以斯帖的方式尋見上帝。我們讀者不享有以斯帖自己沒有的獨家資料，能以曉得上帝在連串事件中要做些甚麼。我們與以斯帖平起平坐，可以說是透過分享以斯帖的經歷而學習。我們在以斯帖的故事學到要怎樣行，也必須在自己的生活中照樣行。

以斯帖記四章和五章向我們表達一個信息：在我們處身能夠發現自己的環境中——面對環境帶來的挑戰和服事上帝與他人的機會時——我們可以，也應當要尋見上帝。我們要在自己的處境中得聽上帝的呼召，但上帝的呼召臨到的方式，不必然是絕對肯定的確信或結論。有時候，上帝的呼召臨到的方式，就如同末底改所說的「焉知」:「**焉知**你得了王后的位分不是為現今的機會嗎？」(四 14) 這是假設性的建議，但足以驅使以斯帖作出行動。

有時人們談到順服上帝或事奉上帝時，聽起來就像一切都是自動發生一樣，彷彿上帝的旨意取代了我們人的自主性和主動權。在以斯帖的例子中，我們看到了事情怎樣倒轉發生。以斯帖面臨嚴峻處境，上帝向她說話，才叫她首次做回自己，引發她意想不到的潛能，能以採取主動，安排計劃，帶著無比勇氣（她只有十四歲，之前一直都只是聽命於人），足智多謀地行事。要做屬上帝的人，不等於不能做回自己。相反，我們惟有成為屬上帝的人，向上帝負責，順服上帝，才能真正做回自己，意識到行動的自由和上帝賜給了我們的恩賜與潛能。

最後一點，我們若是願意效法以斯帖的榜樣，在我們較微小的事上盡自己所能為上帝做事，就也能看見上帝的手工作，成就不可能由我們做到的事。上帝的保守眷顧是個很深奧的教義，難以用理性辨明，但肯定是信仰生活中的重要教義。上帝不會只是放手由得我們盡力而為，更會建立我們手所作的工作，得到單憑我們自己所無法做到的佳美成果。

在這點上我們需要平衡。一方面，我們好像以斯帖一樣需要鼓起勇氣和信心，完成我們相信是上帝呼召託付我們去做的事。但另一方面，我們也要記得自己所作的事能有任何理想的成果，都是來自上帝賜與。這點其實顯而易見。我們嘗試做任何有用的事或善事時，都常常會受自己所不能控制的因素打擊而灰心。若忽視了這事實，像政治人物那樣有時指出「我們能否成功完全是由自己掌握」，那就相當危險了。這樣看會叫自己高估了自己的能力，帶來危機。事實上，我們無論做甚麼事，也不過是嘗試作出貢獻，再由天意成全。通常，上帝的保守眷顧會超過我們的所想所求。上帝要我們做事盡責，有智有謀，勇往直前，盡自己所能做自己能做的事，但上帝沒有叫我們做上帝。所以，我們為勢所迫要作出行動時，必須尋見上帝，但我們發現事情進展得超過自己所能成就的時候，也必須尋見上帝，讚美祂，感謝祂。

禱告

這世界的主啊，請叫我們的生命開放

　　得見四周的真相，

叫我們察覺到自己時代的時機，

叫我們能在祢的世界中察驗祢的旨意，

叫我們能以把握當下，因祢已為此引導我們至此，

賜我們以斯帖的勇氣和智謀，

在這看似沒有上帝的世界中，保守眷顧我們，

　　叫我們驚歎不已。

9

……在徒勞無功之時

（傳二章）

幾年前，英國倫敦的其中一個鐵路終點站帕丁頓車站（Paddington station）外發生了嚴重的火車相撞意外。乘客是一早乘搭火車到倫敦上班的通勤一族。其中很多乘客身亡或身受重傷；有些則逃過一劫，完好無缺。試想像有兩位乘客，其中一位是個少女，又是護士學生，為人可愛，她的陽光氣息叫所有認識她的人都感覺舒服。這少女接受護士訓練，因她想奉獻一生幫助別人。另一位坐在隔壁車廂的乘客是個中年以上的男人，正值事業巔峯，靠著自私自利，冷酷無情，做生意不顧道義，傷害很多人，而成功賺得權力和財富。火車發生相撞，那少女慘死在火海中，其青春年華和想用一生幫助人的美麗志願，都化成灰燼。坐在隔壁車廂的那男人卻安然無恙，純粹受驚，耽誤了些時間，仍能照常到倫敦上班，準時與顧客一同吃午飯談生意。那男人大難不死，還把自己的經歷當作故事流傳，在餐後飲酒時暢談。

假如傳道書的作者今天還在，很可能就會向我們講述上述這類故事了。傳道書的作者一生看破紅塵，清醒察看人生種種不公義又沒意義的事，而上述的故事便可引為例證。人皆有一死，且死亡可隨時臨到，因而生命似乎沒有意義。傳道書的作者會說，這都是「虛空」，意思是：荒謬、徒然、沒意義。由於這類沒意義的悲劇和人世間極端的不公平，傳道書的作者在書的開頭和結尾也作了這總結：「傳道者說：虛空的虛空，凡事都是虛空。」（一2，十二8）

我們以下會思想的故事，是用第一人稱的角度講述出來的。我們可把這故事稱為：有人擁有一切，卻發覺不外如是。傳道者採用所羅門王的身分，這是一種文學技巧，他其實是說：想像有一個人好像所羅門，像所羅門一樣有財有勢，又充滿智慧。所羅門擁有一切，統治的領土比任何一位以色列王的領土更大，國內和國外的進貢和財富源源不絕湧入國庫，所羅門想得到甚麼，就能得到甚麼。王宮、公園、泳池、僕人、歌舞團、妃嬪、宴會……所羅門享盡奢華，沉溺於任何他想到的慾望：「凡我眼所求的，我沒有留下不給它的；我心所樂的，我沒有禁止不享受的。」（二10）所羅門得到權力和金錢可帶來的一切，但他感到滿足嗎？這一切帶給他人生滿足感了嗎？斷乎不是：「後來，我察看我手所經營的一切事和我勞碌所成的功。誰知都是虛空，都是捕風；在日光之下毫無益處。」

（二 11）

追求享樂，反而成了捕風。風吹起來時，你跑去要抓住風，可能有時以為風已在你掌握之中，卻很快發現手中原來空無一物。你追風的時候，人生似乎有了目標和意義，幸福似是定會來臨，但一旦你抓住了風，卻發覺只是捕風捉影。所羅門在計劃興建他的王宮，種植果園，尋找最出色的歌手和最漂亮的妃嬪的過程中，可能比起他得到這一切時來得更快樂。所羅門到底想要甚麼，他奢華的生活到底還欠缺甚麼？他似乎沒辦法告訴我們。所羅門只能說，他已試過追求享樂，比任何人都試得徹底，但最後發現只有空虛。表面上堂皇，裏頭空洞，全是虛榮、空虛、荒謬、徒然。但這故事至此有一點發人深省：請留意所羅門敘述自己的作為時，多次重複「為自己」(for myself) 和「我」(myself) 這幾個字：「我為自己動大工程，建造房屋，栽種葡萄園，修造園囿……挖造水池……我又為自己積蓄金銀和君王的財寶……」（二 4～8）整個龐大工程完全是為了自己。

這故事聽來熟悉嗎？我們可說，在古以色列中沒有幾人能像所羅門一樣富甲天下，能嘗試追逐種種美物，享盡其中帶給的歡愉，直至事物最終幻滅的結果；但在我們現代極其富裕的消費社會中，很多人都能這樣做。在我們的社會中，不斷有人會向你鼓吹，人生就是要擁有更多用錢能買的東西；整個社會人人都是所羅門，整個社會人人一同捕風。與所羅門不同的是，現在能用錢買的東西和經驗實在多了很多，所羅門必定作夢也不曾想過。因而，現代的享樂主義者更難才能醒覺到，這些東西根本無法帶來我們人生中最想要的滿足。我們對這些東西感到不滿足時，往往被解讀為這些東西只是仍未能滿足我們而已。我們感覺空虛時，只想到用更多東西填補：買輛新車、到音樂學校進修、到喜馬拉雅山渡假、做整容手術——可能性似乎數之不盡。

無止境的慾望、沉迷消費——這些都是我們社會的重要特徵。傳道者早已明白這些，他說：「眼看，看不飽；耳聽，聽不足。」（一8）「眼目也不以錢財為足。」（四8）「貪愛銀子的，不因得銀子知足；貪愛豐富的，也不因得利益知足。這也是虛空。」（五10）人有想要得到更多的衝動，這衝動在本質上無法得到滿足，我們的社會知道這點，卻仍把這種衝動視為經濟生活的金科玉律，實在是一大悲劇。宣傳廣告多不勝數，令人想到商品可以終極滿足人的慾望：買這個吧，你便會快樂了；買那個吧，你就可贏得美人兒的心，賺得大屋，博得朋友同事的豔羨目光等。但同一時間，宣傳必須利用人不知足的心，要不斷挑起慾望，暗示有些難以捉摸的東西你仍未找到。我們內心必須到達某一點——要相信自己內心覺得徒然的感覺，過於廣告和商品的誘惑——才能看透這一切。聖經可幫助我們領會這事實，例如透過傳道者所講那位擁有一切之人的故事。這故事教訓我們，純粹為自己大興土木，不過徒然；又揭示我們內心深處真正知道的，及我們在身邊社會中都能觀察到的，其實只要我們眼目沒有昏花，本來就已能看到這一切不過徒然。

我們很多人也在捕風。如果我們能看出沉迷消費只是捕風，那麼也必定能看出，受成功引誘，為成就勞碌，也一樣是捕風。我們的社會容不下失敗者和懶人。人要融入社會，就必須專心一意追求成功，長時間工作，帶工作回家，應付日漸沉重的壓力；說是全為了賺錢和為了家人，卻是沒有時間花錢，也沒有時間陪伴家人。這是瘋狂的經濟體系，將我們分成不是過度工作的贏家，就是失業的輸家。當然，其中也包含競爭的元素：為成就勞碌，通常是為要不下於人，或想出人頭地。傳道者也明白這點：「我見人因彼此嫉妒而有一切的勞碌和各樣工作的成就，這也是虛空，也是捕風。」(四 4；參《和合本修訂版》) 傳道者也曉得何謂工作狂，知道這也是徒然：「人在日光之下勞碌累心，在他一切的勞碌上得著甚麼呢？因為他日日憂慮，他的勞苦成為愁煩，連夜間心也不安。這也是虛空。」(二 22～23)

我們很多人也在捕風。但我們仍未講完傳道者的故事。所羅門擁有一切：不只是權力財富及可用權力財富得來的東西，還有智慧。所羅門發現追求享樂只是捕風，於是便轉為追求智慧。智者的傳統就是教導人要這樣生活，傳道者也必定精通這種傳統：用心牢記箴言中的所有格言，緊記所有教導人敬畏上帝、遠避麻煩的勸告。智慧勝於愚昧，肯定沒錯吧？所羅門難有異議，於是加入傳統嘲諷愚昧人的行列。然而……人有智慧還是愚昧，到最後又有甚麼分別嗎？「我卻看明有一件事，這兩等人都必遇見。我就心裏說：『愚昧人所遇見的，我也必遇見，我為何更有智慧呢？』我心裏說，這也是虛空。」（二 14～15）智慧嘲諷愚昧，但智慧本身卻被死亡譏誚。所羅門的成就不管有多顯赫，這一切也難保他不死。一切最終都化為無有，正如傳道書在十二章結束時，用一首壯麗的詩詞令人憶起死亡是無法逃避的命運，一切因而變得徒然和沒意義。「傳道者說：虛空的虛空，凡事都是虛空。」（十二 8）這就是事情的總意（十二 13）。

追求成功，最終只會走入死地。對於成功的人，他們要成就自己最大的雄心壯志，似乎指日可待，但死亡總是揮之不去，不斷向人質問：然後又如何？你達成了自己訂下要達成的目標，然後又怎樣？愛爾蘭詩人葉慈（William Butler Yeats）用這問題（「然後又如何？」）寫了下面這首詩，傳道者必定會心微笑：

在校時他的好友都認定
將來他必然成名；
他也以此自許，安分守己生活，
三十歲以前工作何辛勤。
「然後又如何？」柏拉圖的幽靈吟道：「然後又如何？」

他寫的一切都有人研究。
過了幾年，就賺夠了
充足的錢，供自己需求，
也贏得生死之交的好友。
「然後又如何？」柏拉圖的幽靈吟道：「然後又如何？」

他的美夢全都實現：
小古屋、嬌妻、兒女、
種李樹和橄欖的幾畝田；
詩人名士都圍聚在他身邊。
「然後又如何？」柏拉圖的幽靈吟道：「然後又如何？」

「壯志已遂，」晚年他回憶，

「且按少年時的理想；
由得愚人發狂，我從不游移，
力臻完美。」
但柏拉圖的幽靈愈吟愈激烈：「然後又如何？」[1]

傳道者應該會同意上面這首詩，但他也沒法回答柏拉圖的幽靈。人都難逃一死，致使一切成就至終都了無意義；人愈執著，就愈快走近這結局。

那麼，那擁有一切的人難道沒有得出任何正面的結論嗎？他有沒有建議任何生活方式，才不算捕風呢？他只是這樣說：「人莫強如吃喝，且在勞碌中享福，我看這也是出於神的手。」（二 24）在整卷傳道書中，傳道者一再重申這最低要求的勸告（三 12～13、22，五 18～20，八 15，九 9）：上帝賜給我們的人生又苦又短，所以要盡情享受其中些微的快樂。不要指望更多，若有更多，都只是捕風。不要指望可找到人生意義。世界本是令人困惑，不可測透。你能享受時，便享受吧；尤其當你還年輕，更要珍惜享受的機會，因隨著死亡愈來愈逼近你，你就愈來愈不能享受。（這最後一點就是傳道書結尾著名的詩〔十二 1～8〕所要帶出的信息。）

傳道者並沒有豁免任何東西於虛空之外，而有違他說一切都是虛空的結語。日常生活中瞬間覓得的歡樂，不等於是人生荒謬的汪洋中的一些意義海島。瞬間的歡樂跟其他一切沒有兩樣，同樣是沒有意義。傳道者要説的是，人始終要接受人生的荒謬，並盡力活到最好。傳道者看破紅塵，提出最低要求的勸告，竟極具後現代色彩，實在令人訝異。但這種生活方式當真能活出來麼？

傳道者提出的積極勸告，有一點肯定相當重要。人生的享樂本身是美好的。那擁有一切的人之所以錯了，只因他試圖用享樂來達到享樂所無法達到的目標，在享樂中尋求享樂所不能賦予人的滿足感。這是富裕所帶來的危險試探，我們的社會卻大規模地墮入其中。由於日常生活中普通的享樂是美事，故其試探就是以為累積的享樂愈多就愈好，以為人愈多享樂，人生就會愈感到滿足。真相卻是，當我們以享樂作為自己人生奮鬥的目標時，只會糟蹋了享樂本身的美好。傳道者提出的最低要求蘊含重要智慧。我們享受自己現在擁有的，勝過因試圖徒然追求更多而最終會失落的喜樂。傳道者如此説：「眼睛所看的比心裏妄想的倒好。」（六9）

可是到了最後，傳道者給我們留下了負面的結語：到最後一切皆沒意義。當然，聖經並非留給我們這結語，但傳道書的目的乃是要指出，從福音以外的某種角度來看，人生看起來可以就是如此。傳道書要我們正視這問題：我們有沒有任何真實的基礎，能以作出不同的思想，並以另一種方式過活？我們已留意到，傳道者用極其後現代的角度來看世界。忘記上帝吧，今天很多人也就是這樣想的。這是西方歷史有史以來，首次有這麼多人會同意傳道者的話，認為人生最終只是荒謬。再者，很多人甘於就此而活，這是說，他們表面地生活，知道沒有深度；活在當下，知道沒有明天；遊戲人生，以分散自己的注意力，卻又曉得不過是一場遊戲一場空。這是一種流行的人生取向，更可能是我們文化中的主流趨勢，但這種人生觀會導致人輕視生命，在整個生命中散播一種腐蝕人生、玩世不恭的思想。

耶穌基督的福音會怎樣評論這卷書中的所羅門，怎樣論到這位擁有一切的人？這人嘗試了追求享樂，卻發覺無法令人滿足；他又試了追求智慧人生，卻發現死亡摧毀一切。他拼命尋找卻尋不見的，到底是甚麼？他追求享樂時，想尋找卻尋不見的，豈不就是真正能滿足人性的東西嗎？他發現自己甚麼也找不到（後現代的答案），還是，他不過發覺追求享樂不能帶來人性的滿足？

所羅門發現，靠著得到與擁有，不能找到人生的意義和滿足。福音告訴我們，領受與付出才能賦予人生意義和滿足。在基督裏，上帝賜給我們豐盛的生命，又賜我們人生意義和滿足。我們惟有從上帝才能領受這些祝福，也必須為上帝和別人付出自己，才能活出這些祝福。從某種意義來說，我們先要失敗，才能真正成功；先要做輸家，才能做贏家。對於我們試圖從自己控制範圍以內的東西（用金錢能買的、用智力能發明的）尋找拯救，這一意圖也必須失敗。如此，我們才能從上帝領受救恩，明白上帝向我們付出自己，而我們也向上帝和別人付出自己時，就能找到人生的意義。我們找到這人生意義後，便會發現這意義可超越死亡。

在腓立比書中，保羅談到他如何看人生真正的成功。如果所羅門的故事是論到有人擁有一切，才發覺一切全無價值，那麼在這段經文中，保羅的故事就是說有人放棄一切，因知道一切全無價值：

> 只是我先前以為與我有益的，我現在因基督都當作有損的。不但如此，我也將萬事當作有損的，因我以認識我主基督耶穌為至寶。我為他已經丟棄萬事，看作糞土，為要得著基督；並且得以在他裏面，不是有自己因律法而得的義，乃是有信基督的義，就是因信上帝而來的義，使我認識基督，曉得他復活的大能，並且曉得和他一同受苦，效法他的死，或者我也得以從死裏復活。這不是說我已經得著了，已經完全了；我乃是竭力追求，或者可以得著基督耶穌所要我得著的。（腓三7～12）

保羅甘心放棄一般人所追求的享樂、權力和地位，為要尋找那真正有價值的：他稱之為「認識我主基督耶穌」。可以說，保羅預備好失敗，為要得上帝所賜的成功——這不屬他自己的義，不屬他自己的成就，不是他自己所賺來的，卻是因信基督而從上帝來的禮物。我們要留意這需要一生的追求，不下於追求享樂與物質成功所要求的付出程度。名副其實，這就是追求基督，效法祂捨己。這種追求不像追求所羅門的智慧，不會因死亡而變得了無意義，因這是追求基督，而上帝已叫基督從死裏復活。

不要追風，而要追求基督。若我們問，那擁有一切的人尋求享樂和智慧時，想尋找卻尋不著的意義和滿足是甚麼？儘管我們難以下定義，卻可以指出，答案就在耶穌基督裏，透過在基督裏認識上帝就可覓得。這種意義和滿足，乃是我們無法抓住的，因其豐豐富富超過我們，但人追求基督時，就可以得著。就如我們取得各樣成就時，可隱約感受到物質豐裕的空虛所帶給我們的不滿足；同樣地，我們每天活在基督裏面的時候，也可隱約感受到在基督裏人生的豐盛和意義。離了基督，一切都只是虛空，了無意義。在基督裏，一切在上帝的豐盛中都會找到意義。

所以，與其他聖經書卷的內容作出比對，我們這故事的信息是：不要再追風，反要追求基督。

詩詞

赫伯特（George Herbert）的詩《絞車》（*The Pulley*）可幫助我們知道要怎樣為自己祈禱，又為所有受我們後現代文化的享樂主義所蒙蔽的人祈禱：

上帝初造人時，
手裏拿著滿滿一杯祝福；
上帝說：「我們盡可能賜福給人吧；
讓散佈環宇各角落的寶藏，
都壓縮到短短七旬年光。」

力量首先出列；
然後美麗也加入，接著有才智、名譽和享樂；
當所有寶藏幾乎傾注殆盡，上帝忽然停手，
發覺此刻僅餘
安息，還留在杯底。

「假使這份寶物，」上帝沉吟：
「也賜給我造的人，
他就會膜拜我的禮物，而不崇拜我；
他就會安息在塵世，而不安息在創造塵世的上帝裏；

那麼上帝和人皆成輸家。

且讓人留住其餘一切，
卻由得他們抱怨不得安息。
讓人有富足，卻感疲憊；至少
如果人不受善所引導，因著疲憊，
還能驅使他們投向我的懷抱。」[2]

10

……在禱告蒙妙允之時

（賽三十八章）

有時候，一個故事可以幫助引申出另一個故事。所以，我們閱讀聖經故事前，先看一個現代歷史的故事。時間是一八四九年十二月，地點是俄羅斯聖彼得堡的西蒙諾夫斯基廣場（Semenovsky Square）。當時下大雪，天氣嚴寒，但陽光普照。有二十八個囚犯被帶到廣場，俄羅斯偉大作家陀思妥耶夫斯基（Fyodor Dostoevsky）是其中一人，他好像其他人一樣，因發表激烈的政見而受審入獄。這些囚犯才剛得知自己被判死刑，會被槍斃，且馬上就要行刑了。廣場中間豎起了三根木柱，有三個囚犯被縛上木柱，蒙上面罩。行刑的槍手已排成一列，瞄準目標，聽候長官命令開火。陀思妥耶夫斯基不屬於最先被縛的三人，但接下來受刑的三人，便會輪到他了。陀思妥耶夫斯基想到，自己大概只會再多活五分鐘，於是開始向身邊的同伴道別。陀思妥耶夫斯基屏息凝思自己快要死了，對死後的光景感到害怕。大概過了兩分鐘（但每一秒鐘的過去愈發使他感到驚心動魄），突然響起一陣鼓聲，示意軍隊撤兵回營。陀思妥耶夫斯基曾當過軍人，立時知道這是甚麼意思：死刑的判決撤銷了，他得以保住性命。士兵放下步槍，三個被縛的囚犯得釋放，有人騎著快馬進來，手裏拿著沙皇的特赦令和另一份宣判詞，免除這些囚犯的死刑，改判為放逐到西伯利亞。後來得知，整件事原來是故意安排，根本從沒計劃要處決這些囚犯，只是沙皇性格悖謬，想這些囚犯先面對自己當受的判決，然後再嘗他的仁慈。

行刑只是一場鬧劇，但陀思妥耶夫斯基以為自己快要死了，卻是千真萬確，讓他痛苦萬分。其後改判緩刑，實在看似神蹟，猶如再生，彷彿從死裏復活。杜思妥耶夫斯基經歷了這事，一生受到深邃的影響。儘管陀思妥耶夫斯基被判入西伯利亞的勞改營四年，卻覺得異常興奮，歡喜莫明。幾年後他說：「我想不到有另一天比那一天更快樂了。我在囚室中走來走去……不停唱歌，更放聲高唱，慶幸自己拾回性命。」陀思妥耶夫斯基歌頌生命是禮物，而生命的奇迹和祝福全都是恩典。陀思妥耶夫斯基感覺自己就像重生或從死裏復活，再次強烈熱愛生命，不再像從前那樣視生命為理所當然，肆意糟蹋。陀思妥耶夫斯基的這一經歷使他有所改變，他發覺自己願意無條件愛和寬恕所有人。他在自己的小說中很強調基督教要求完全寬恕和完全接納的愛，他之所以賦予這點特別重大的意義，就是源於那次的經歷。[1]

不多人會有這種經歷，能如此接近死亡，又奇迹般得到特赦。不過早於陀思妥耶夫斯基二千五百年前，猶大王希西家也曾有過這種經歷。我們來想像一下希西家經歷了怎樣的事。希西家是猶大少數的好君王，舊約論到以色列歷史中大多數的君王時，都沒有稱讚。大多數以色列的君王只體現出「權力令人腐敗」這句格言，太多君王都證明了上帝向百姓發出的警告是正確的，因百姓要求立王時，上帝早已警告他們必會後悔(撒上八)。但是，希西家是一位好王，在我們這故事中，他看來惟一的缺點似乎是一開始就太肯定自己的良善。我們這故事發生時，希西家已四十歲，統治了耶路撒冷約十五年。這故事發生之前不久，希西家剛經歷了上帝施展奇妙大能救了自己的子民脱離災禍。當時亞述王西拿基立率領大軍包圍耶路撒冷，但一天早上十八萬五千西拿基立的士兵在耶路撒冷城外的營中離奇死亡。只可能有一個解釋：以賽亞已向希西家宣告上帝的話，應許上帝會幫助耶路撒冷抵抗仇敵。在那次經歷中，希西家明白到上帝的拯救大能，又知道上帝的先知以賽亞是可靠的。

所以，請想像一下，希西家病到了，以賽亞來到他的牀邊，不是説安慰或鼓勵的話，而是向他發出耶和華的神諭：「你當留遺囑給你的家，因為你必死，不能活了。」(賽三十八1；參《和合本修訂版》)耶路撒冷本來必遭毀滅，但上帝拯救了這城，這次卻不拯救希西家。上帝親自宣判希西家要死。希西家學會了信任上帝藉先知以賽亞口所說的話，對他來說，以賽亞的預言何等真實可怕，就像在陀思妥耶夫斯基眼中行刑的士兵舉起了步槍一樣。這事也令人百思不解。希西家做了甚麼事，應得如此報應？於是，希西家王就在牀上轉身，臉朝著牆壁，轉面不看這自己快要離開的世界。然而，希西家是慣了禱告的人，忍不住向上帝懇求。禱告是由心而發，但無疑希望不大。如果希西家不明白為何自己非死不可，也就不可能料到上帝會撤銷這明確無誤的死刑判決。所以這一章的題目是：**在禱告蒙妙允之時**尋見上帝。就像陀思妥耶夫斯基一樣，希西家知道自己出乎意料地得到特赦，比起之前知道自己要死，感覺必定更震撼得多。

以賽亞仍未走出王宮，便又返回希西家的病房，向他宣告從上帝而來的新信息：上帝看見了希西家的眼淚。換句話說，上帝留意到希西家的苦情和禱告，（看來）受到感動，以致回心轉意。上帝應許會醫治希西家。到了明天，希西家王就會康復，能上聖殿以感謝得醫治。上帝也重申早前所發祂必會守護耶路撒冷的應許，這次明顯同時論到會保護希西家。希西家會多活十五年，仍統治猶大國。

希西家實在難以相信，上帝的審判奇迹逆轉，叫他的思想和情感都不勝負荷。希西家想知道究竟能否真的相信以賽亞從上帝而來的信息，所以就求一個兆頭，表明以賽亞的信息真是從上帝而來。這樣求不算膽大妄為，因以賽亞出名不時在發預言後會伴隨有從上帝而來的兆頭。希西家顯然由於死亡迫在眉睫而心力交瘁，無法乾脆等待兩天看看自己會否康復。希西家想要一個兆頭，上帝就賜了他一個兆頭——那兆頭本身與希西家出死入生的預言同樣非比尋常。上帝名副其實使時光倒流。有些聖經譯本指出，故事中所指的大概不是日晷，而是王宮的一段梯級，稱為亞哈斯梯級。陽光把建築的影子投射在那梯級上，太陽在下午漸漸下沉時，影子就會拉長，沿梯級下移。希西家與以賽亞談話時，影子正落在第十級。在那獨一無二的一天，影子沒有繼續向梯級下移，反而倒退了十級。

我們不必假設地球停止了轉動。有人指出，這是由於大氣層出現不尋常的折射。但我們不必推測這從上帝而來的兆頭到底怎樣發生。重要的是，這神蹟不只是用來保證以賽亞的預言真確無誤，其實還帶有別的意思。就像耶穌在約翰福音中所行的神蹟（那些神蹟稱為耶穌神蹟的「兆頭」），此處的神蹟也標示出比這神蹟本身更大的事。如同日影倒退十級，上帝向希西家賜下他先前未曾預計過的十五年壽命，施恩向一個彷彿已死的人添壽十五年，這完全是上帝純粹的恩典。人們通常會有一個違反現實的期望：「假如我能再活一次。」希西家卻真的如願以償，真可再活一次，再統治國家多十五年，更深刻感到生命的奇跡，如同陀思妥耶夫斯基在西伯利亞所感受到的。

我們記得，陀思妥耶夫斯基歡喜若狂，竟不住唱起歌來。同樣，希西家也唱歌，甚至更寫了一首歌，在聖殿中頌唱。歌的內容是關於從死裏復活。希西家記得接受上帝判處死刑時的感覺如何，覺得自己就站在陰間的門前，在死人之地，離開活人的世界，在壯年之時命終暮死。希西家本能上驅使他要懇求上帝，但他說：「我可說甚麼呢？他應許我的，也給我成就了。」（三十八 15）上帝的判決肯定不能撤回，但希西家禱告說：「求你使我痊癒，仍然存活。」（三十八 16）我們要記得希西家並不知道死後仍可與上帝同活。只有到了舊約的後期，人們才開始有死後復活的盼望。所以，希西家會說：

原來，陰間不能稱謝你，
死亡不能頌揚你；
下坑的人不能盼望你的誠實。
只有活人，活人必稱謝你，像我今日稱謝你一樣。
為父的，必使兒女知道你的誠實。（三十八18～19）

希西家看活著就是要感謝讚美上帝。陀思妥耶夫斯基也發現，生命本身完全是上帝的恩典，是每天經歷的神蹟，值得大大歡喜，這意味人讚美上帝，才是真正活著最完滿的表達。死人不能讚美上帝，但「活人，活人」（希西家重複這字，滿心興奮，因想不到自己仍是活人）……「只有活人，活人必稱謝你，像我今日稱謝你一樣」（說話中仍帶驚訝）。希西家能再活一次，將會這樣生活：「所以，我們要一生一世在耶和華殿中用絲弦的樂器唱我的詩歌。」（三十八 20）在希西家這首歌的歡樂結束中，他並不是在想自己**應該要**感恩。他所表達的是自然而發的喜樂，因他感受到生命失而復得，明白生命從上帝而來，知道生命是上帝的恩典，就覺得生命加倍美好；因他不再視生命為理所當然，而感受到真正活著的生命；又因他感受到生命是我們不敢祈求、不敢奢望的；也因感受到生命就是讚美。

愛爾蘭基督徒詩人奧賽厄霍爾（Micheal O'Siadhail）寫了《雙倍》（*Twofold*）一詩，出色地用當代的角度表達出這種經驗：

貼切，陽光，周到，平穩，文雅。
如一根蘆葦受痛楚的羞辱扭曲而折斷。
那天早上你來到深切治療部接我，
世界何曾如此無憂無慮，無拘無束？
樹木、你手的觸摸、你上衣的顏色、
幾句街上的閒談、粉紅色磚砌成的房屋。

我的夏娃，你首次扶著我在園中步行；
你彎下身子，要拾起跌落的葉片。

更富有、更富有、更富有，我無盡的天堂。
不只要把握今天，更是要加倍把握！

這時刻加倍品嘗其香氣味道。
先品嘗一次，再細味一次。

人皆必死，故要燦爛而活。
是的！我們所愛的，一半是愛的脆弱。

這早上會否再一次像那早上一樣？
我很懦弱，但仍讚美。阿們、阿們。

喝醉了的清醒，像雙重的節拍般振動。
甜度。我想活雙倍的時光。[2]

奧賽厄霍爾想活雙倍時光的觀念，是某種生命非理所當然的意象，就像陀思妥耶夫斯基明白生命原是恩典時的狂喜，又像希西家感到生命重新開始而向賜生命的上帝發出讚美。奧賽厄霍爾認為，「人皆有一死，故要燦爛而活」，而生命又是「無盡的天堂」，因此是他想一再回去的伊甸園。

自從講述陀思妥耶夫斯基的故事後，我們就一直用上這些詞彙：復活、重生、彷彿死了而復生、回到伊甸等。人若有過這類經歷，又在其中遇見上帝，就不難對這些詞彙產生共鳴。我們愈清楚生命全是上帝的恩典，就愈能合理相信上帝所應許的復活，不僅是彷彿死了的人能復活，真實死了的人也能復活。或相反來說，我們愈發按照上帝所應許的復活（因耶穌復活而賜給我們的復活）而活，就愈能在每天經歷到生命是上帝的恩賜，我們不可視之為**理所當然**，卻要看為由**上帝所賜**，就是從那厚賜各樣美物之主所領受的。我們回想上帝多次在我們失落和必死的境況中重燃我們的生命，就應可發現這位生命與復活之主。

舊約很多故事也講到人從彷彿已死中重獲生命，希西家的故事不過是其中之一。這些故事包括：亞伯拉罕忍痛順服上帝，獻上兒子的性命，卻出乎意料得回兒子；約瑟的家人將約瑟交在死地，約瑟卻把他們不可能想到的祝福帶回給他們；沙得拉、米煞、亞伯尼歌因為預備好為上帝而死（若上帝允許的話），結果卻經歷到上帝的拯救；約拿下到海的深處，大魚將他吐在岸上後，約拿才完成自己身為上帝先知的使命，變得家傳戶曉。很多詩篇作者也述說上帝如何一次又一次救他們脫離死亡的網羅（希西家所寫的詩歌，其實是詩篇中云云眾多類似詩歌中的一首）。這些故事都很不一樣，內容決不重複；我們若不是讀了新約，能有後見之明，就很可能根本看不出這些故事之間的連繫。但只要我們看出連繫所在，就能察覺縱使內容千變萬化，相同的主題卻一再出現。我們要知道希西家的故事是聖經眾多起死回生的故事中的一個，才能掌握希西家的故事蘊含的全部意義。

這些故事的意義不只是說我們身為基督徒讀者，既相信耶穌復活，就能從這些故事中看到舊約早已預示到復活。這些故事也鼓勵我們認出，復活的上帝會用自己種種的方式在我們生活中與我們同在。當我們經歷失落和復興，願意放手與重新得著，就會遇見那位叫耶穌從死裏復活的上帝。我們可能不會遇上如此驚天動地的場面，不像很多聖經人物或陀思妥耶夫斯基曾有的經歷，但我們從較小的事上，一樣可發現上帝在我們生命中用相同的模式工作。上帝引領我們來到一些地步：我們想要放棄，或看不見自己可往何處去，或失去無可取替的珍寶，或覺得生命沒喜樂沒盼望。我們有時也會轉臉朝壁，或很想這樣做。然後我們禱告，卻不指望會蒙應允。在這些情況下，上帝應允的禱告，往往是我們始料未及的。我們經歷禱告奇妙蒙應允，便發現上帝遠超我們的所想所求。上帝在復活節的早晨給了門徒驚喜，祂同樣能用較不奇迹的方式給我們驚喜。我們遇上這些驚喜，便發現生命的喜樂本身猶如上帝的恩賜，猶如多活雙倍的時光，猶如對上帝的讚美。

不過，希西家的故事還有另一方面值得留意：這故事所指向的，超過故事本身，指向更大的事。舊約有不少論到彷彿死了的人復活的故事，而希西家的故事獨特之處，在於希西家王得到一個驚人的兆頭：陽光投射出來的影子向後移。這兆頭立時表示希西家的壽命會額外暫緩十五年，實在是不尋常，然而這兆頭更帶有深一層的意思。這兆頭果真有進一步的意思，指向更重大的東西？——上帝使時光倒流。我們一生人都活在時間這神祕的媒體中，時光一去不返，這或多或少是我們對時間惟一的認識。「你不能使時光倒流」這句話表達出世人怎樣理解時間這基本的真理。一切會隨時間過去，我們的生命會流逝，甚至記憶也會模糊，所愛的人會離世，喜樂會過去，我們自己也會走到人生的盡頭。時間只向一個方向溜走，並不留情。我們不能回到過去，不能叫死人復生。自己的生命無法回頭，也不能從陰間回來。

但是，希西家的兆頭卻暗示(因此我們才覺得很奇怪，覺得難以置信，甚至對比其他聖經的神蹟來看，仍覺如此)，上帝能夠逆轉時間。這肯定暗示到復活和新的創造，叫我們盼望(就是上帝叫耶穌從死裏復活所賜我們的盼望)上帝最終不會由得自己所愛的受造物永遠沉淪，必定會把宇宙的時鐘逆轉。然後上帝會逆轉祂向我們所有人發出的死刑宣判，扭轉萬物隨時間過去而必死的命運。然後上帝會叫我們重獲生命，在永恆喜樂的境界中，用重新截然不同的方式生活。屆時我們就可回到無窮無盡的伊甸園，活出復活生命的雙倍時光。我們也將不斷向上帝發出讚美，不會中斷。這過程中，由於知道在上帝這是可能的，也必會如此，因而我們發現即使在當下短暫而必死的生命中，也不會失喪生命，因那生命是上帝的恩賜。

禱告

主啊，當我們生命看似可預測時，
祢卻是不可預測的主。
當我們視生命為理所當然時，
祢就帶來驚嚇或驚喜
（或最好是說，兩者皆是），
將生命的恩典帶回給我們。
祢每分每刻賜下生命，
我們卻以為生命屬於自己；
而祢豐豐富富賜下的，
超過我們所想所求。
生命的上帝、活的上帝，
我們真正活著，就是要讚美祢！
生命的上帝、永活的上帝，
我們真正活著，就是要永遠讚美祢！

11
……在拒絕偶像崇拜之時
(但三章)

尼布甲尼撒的巨大金像不下於九十尺高。尼布甲尼撒的國民雖習慣鑄造巨大的神像，但我們可以肯定從沒有人見過這樣高大的神像。那神像甚至比古代世界七大奇觀之一的羅得島太陽神銅像(Colossus of Rhodes)還要高大。尼布甲尼撒的金像要超越其他神像，旨在令人歎為觀止。但以理書沒有記載那神像代表哪一位神明，極可能是巴比倫的守護神彼勒(Bel)，但也可能是某位新興的神祇，因尼布甲尼撒決定創立一個新教派。但以理書的作者可能故意不告訴我們這點，是因為無論那神像到底代表哪一位神明，更重要的是，那神像象徵尼布甲尼撒的權力，代表巴比倫的精神意志，標示尼布甲尼撒的帝國有多偉大。尼布甲尼撒(雖有點誇張)誇口自己統治全世界(見但四1)，想借助那神像表現自己的權力和榮耀，懾服自己的臣民，目的既帶有宗教性，又帶有政治性。那神像代表尼布甲尼撒的權力如同神明一般，絕對不可侵犯，如巴別塔一樣上達諸天。

尼布甲尼撒知道每個精明的政客也會知道的一些事。尼布甲尼撒知道自己的帝國龐大，存在很多離異的因素，若要統一全國，組織一個有內聚力的政體，單憑有效率的行政架構治國，由軍隊平息叛亂，還是不夠。巴比倫帝國需要能啟發人心的效忠焦點和共同目標，需要國民共同承擔某種理想，需要一個宗教焦點(最少在古代世界，這類國策明顯會以這種形式進行)。人民的宗教本能上傾向崇拜和服事比自己更偉大的對象，這種本能需要集中在帝國之上。所以，金像的開光禮成了政治宗教的盛大慶典。

如果有人還記得前蘇聯的日子，就定會記得每年在莫斯科紅場(Red Square)舉行的五一節閱兵儀式，盛大慶祝蘇聯的力量，旨在令人歎為觀止。尼布甲尼撒的隆重開光慶典也有類似的排場盛況。全國的高官貴冑、政府官員都被召來出席典禮。典禮嚴格遵照軍階和禮節，如同作者不厭其煩告訴我們：「總督、欽差、巡撫、臬司、藩司、謀士、法官，和各省的官員。」(三2)這些官員必定都穿上自己官位的朝服。來自全國的不同階級聚首一堂，排列成陣，場面浩瀚。王室樂團的陣容也相當震撼。開光禮的初步儀式完成後，傳令官便上台向眾人說話，這官員受過訓練，說話的聲音可傳達到這許多人的耳中。傳令官大聲呼叫說：「各方、各國、各族的人哪，有令傳與你們：你們一聽見角、笛、琵琶、琴、瑟、笙，和各樣樂器的聲音，就

當俯伏敬拜尼布甲尼撒王所立的金像。」(三4～5)

你將會發現，但以理書三章的作者很喜歡列出這類名單或列表，寫得好像符咒一樣，似乎僅是唸出這些字句，就可帶有某種法力。在這一章中，作者兩次詳細列出官員的名單(三2、3)，另外不下於四次重複樂器的名單(三5、7、10、15)。一有機會，作者就想要讀者感受場面有多輝煌，有多令人目不暇給。就算有人不熱中參與慶典，但有誰不會對這浩瀚場面印象深刻，不被這一切震懾，不被這一切嚇倒呢？樂聲誘人，為要叫人生出崇敬之情，誰聽了這音樂仍能不為之著迷？但作者重複這些名單時，我們卻得到截然不同的印象，聽來像是要嘲笑這一切吹噓的場面。從某角度來看，這一切都像無聊的把戲，全是虛張聲勢，沒有真材實料。但如果作者真是想巧妙地邀請我們嘲弄尼布甲尼撒，拆解這一切鋪張排場，我們如何能有這種看事情的角度呢？羣眾中肯定人人都覺得尼布甲尼撒的權力很真實。當傳令官宣布完畢，他發出警告：凡不俯伏敬拜的，「必立時扔在烈火的窯中」(三6)——大家都知道這絕非空言，因尼布甲尼撒有權力做這種事。所以，如果這場權力大表演不觸動人心，但因沒有其他可行的做法可供選擇，各人也豈非逼不得已下要服從？到了適當時候，這一章會向我們展示一種視角，說明如何能夠不必認真看待尼布甲尼撒浮誇的儀式。目前，我們可能會想起詩篇二篇的一節令人深刻的經文，只有極少經文論到上帝會笑，這是其中一節。詩篇二篇描寫世上的統治者一同策劃大陰謀，集合力量要挑戰上帝支配他們的權力；但(詩人說)「那坐在天上的必發笑；主必嗤笑他們」(詩二4)。

可是，眾人參與在尼布甲尼撒的開光典禮中，並不像上帝那樣想要譏誚。在那些人看來，典禮發揮了作用，成為偉大的象徵性場合，透過推動社會承擔共同的理想，藉以凝聚社會。社會往往尋求共同的價值焦點，在過去通常會用上宗教的形式：利用國教，促使人民效忠國家。不守國家準則的人(不肯加入國教者)不會受到容忍，我們由此可見承擔共同理想的力量有多強大。這就是為何宗教少數派經常受到逼迫的原因。這甚至也是為何自稱為基督徒所組成的社會，也同樣會逼迫像是猶太人的羣體。歷史上這段基督徒不容異己，殘暴不仁的過去實在駭人聽聞，以致我們寧願不去回憶它；但發生這種事是可能的，因為人們認為基督教能夠凝聚社會，又是共同的價值焦點。若有人不肯加入國教，便會構成威脅。因著相同的理由，基督徒從前遭羅馬帝國逼迫，直到現在還是經常會發生類似的事件。基督徒終極而言是要效忠上帝和上帝的價值觀，因此經常(也應該經常)會成為不守國家準則的人(nonconformists)。他們不能不問是非，就忠於社會所器重的準則。

一般而言，這不是說基督徒要退出或不參與貢獻社會。在極端情況下，是的，但大多數時候不是這樣。但以理書三章的故事不是講到有幾個人不參與社會，卻是論到他們如何投身社會，參與在政治的最高層級。這幾個人就是沙得拉、米煞、亞伯尼歌，但這些不是他們原來的猶太名字，而是新改的巴比倫名字，就是尼布甲尼撒要他們在王宮侍候，賜他們任職政府高官時給他們所起的名字（但一6～7）。這幾個人處身外邦帝國的政府核心，仍設法要忠於上帝。假如他們沒有身居高位，就算不出席開光典禮，照理也不會被人發覺。但這三人確是重要人物。雖然如此，他們卻不計代價也要劃清界線，因為雖然他們服事尼布甲尼撒為王，卻不將他奉為上帝。

或者，尼布甲尼撒滿腦子想著別的事情，本來無暇留意到他們三人缺席，但宮廷中有些人嫉妒這三個猶太人，想把握機會要中傷他們，就向尼布甲尼撒告密。這三個猶太人並不難對付：他們是外人，只是被征服的戰俘，若不是受王恩寵，根本無權無勢。這三人侍候尼布甲尼撒王，固然不可小覷他們的權力，但一旦被貶為叛徒，失去尼布甲尼撒寵幸，就根本無力自保，只有束手待斃。這三人沒有選擇，或只得一個選擇，就是上帝的子民面對拜偶像的事時，選擇真神還是假神。尼布甲尼撒親自向他們提出拜假神的選擇，並傲慢地重申傳令官的信息，惟恐他們之前聽不清楚。於是他再次發出威嚇，還加上自己的註腳：「若不敬拜，必立時扔在烈火的窯中，有何神能救你們脫離我手呢？」(三 15) 明顯看來，尼布甲尼撒豎立巨大的金像，正是為要神化自己擁有的權力，他的金像公然要向任何聲稱有能力與其爭一長短的神明發出挑戰。在尼布甲尼撒眼中，神明就像帝王，要爭奪誰為大。尼布甲尼撒擊敗了世上其他的君王，當下憑著他所造可與天比高的偶像，竟要向其他可能在天上的神明宣戰。尼布甲尼撒決定要殘酷處死的人，又有何神明能救他脫離尼布甲尼撒的手？

根據以色列的傳統，至高的上帝、就是以色列的上帝曾說「無人能從我手中救出來」。在申命記三十二章 39 節，這位上帝用以下的話宣告自己絕對獨一無二：

> 你們如今要知道：我，惟有我是上帝；
> 在我以外並無別神。
> 我使人死，我使人活；
> 我損傷，我也醫治，
> 並無人能從我手中救出來。

誰才真正掌握生殺的大權：尼布甲尼撒，還是以色列的至高上帝？沙得拉、米煞、亞伯尼歌面對這挑戰，他們可以怎樣做？而實際上又做了甚麼？他們實在需要無比勇氣。他們沒甚麼好說，只把事情交託在上帝的手裏，說：「不管發生甚麼事，無論我們的上帝會否將我們從烈火的窯中救出來，王啊，我們想你知道，我們決不事奉你的神明，也不敬拜你所立的金像。」（比較三 17～19）這實在是非凡的信心。

我們可能會想，這樣有信心的人必會指望上帝拯救。然而上帝面對尼布甲尼撒的挑戰，卻不證明自己就是上帝，還命令自己的子民要忠於祂，這樣的上帝可會是怎樣的上帝？即使就表面來看，尼布甲尼撒確是至高無上；即使沙得拉、米煞、亞伯尼歌要葬身在火窯之中，但他們三人仍不得不承認這位上帝才是真神。在這時候，他們所信的上帝就像他們一樣軟弱無力反抗。但由於上帝的子民仍效忠祂，就清楚表明這位上帝如何受到認真看待，勝過尼布甲尼撒那可笑而金光閃閃的巨像，因人們是受威逼下才肯敬拜那像。人們敬拜尼布甲尼撒的金像，明顯是為了利己。不管真心或假意，人人跪下來不過是為求自保，或是希望在尼布甲尼撒的宮廷中升官發財。加入尼布甲尼撒的教派，是生存之道；效忠以色列的上帝，顯然只會自取滅亡。然而，由於有人如此效忠這位真神，甚至不知道祂是否會拯救自己的百姓，就顯得尼布甲尼撒的教派所賣弄種種要激動人心的把戲實在荒謬而不足信。那金像聳立在敬拜金像的人之上，但連鳥兒也能飛得比那金像更高，從天上看來，那金像能算是威脅嗎？

是否古代社會或受極權統治的社會才會陷於這種荒唐可笑的偶像崇拜？斷然不是。所有社會都需要共同的價值和理想，而這共同承擔的焦點多半（即使沒有用上明確的宗教術語）會成為偶像。當一樣東西變得不被質疑，凌駕一切，成為終極信靠和順服的目標，其他一切都可為之而犧牲，包括鏟除異見分子，那東西就成了偶像。例如，軍國主義、民族主義及權力，都可成為偶像。要認出這些偶像並不困難，因這些東西都會貪得無厭地要求人流血犧牲，牢籠著今天世界上很多人。這些都是古代和現代的偶像，一直在威脅我們的安全。

世界上還有一種更誘人的偶像，在西方社會相當風行。在大多數西方社會中，我們仍保留下來的共同價值並不多。但如果有一種凌駕一切的共同承擔，是支配著政界、商界、家庭和個人生活的，那就肯定是要拼命不斷增加財富和物質財產的志向。由於沒人會對此作出質疑，這偶像就更顯得自身是偶像：政界中沒有人質疑，傳媒中也沒有人質疑。這教派的儀式和慶典每天出現在我們身邊。不斷消費更多物質的公理成了偶像，不單由於沒有人質疑，不單由於這謬理在生活一切方面如此強勢，也由於這謬理誘惑人的方式，令我們看不見這樣生活顯然了無意義，更會帶來破壞。偶像看來總是震懾人心，又吸引迷人。由於偶像吸引，我們實在不想知道偶像會造成的傷害。我們可以說，惟有經濟增長，才能提供更好的教育、更好的醫療保健及其他明顯可羨慕的目標。但我們卻忘記了，經濟增長也（多半是）關係到更瘋狂的消費：要說服人覺得自己不可以缺少某些東西，只因有人把那些東西推出市場銷售，否則的話眾人根本從沒想過需要那些。我們忘記了，經濟增長是由於有人把很多從前免費的東西變得商業化，又忘記了我們威脅到地球和將來住在其上的人，他們永不會分享到我們今天因犧牲他們而帶來的繁榮。地球根本不足以支持全世界的人按照西方富裕國家的程度消耗資源，這鐵一般的事實卻似乎無法對抗消費主義的偶像。或許這是時候，我們在基督教會中的人要起來，對抗偶像崇拜不斷強加在我們身上的選擇。某種意義來說，比起沙得拉、米煞、亞伯尼歌，我們還要艱難。他們三人面對一次性的選擇，不成功便成仁；但我們每天卻要作出數不清的抉擇，要選擇上帝，而抗拒消費主義的偶像。另一方面，比起沙得拉、米煞、亞伯尼歌的選擇，我們大多數抉擇（最低限度就我們開始認真看待這問題時，所會面對的抉擇）要求的勇氣要小得多了。

耶穌說：「一個人不能事奉兩個主；不是惡這個，愛那個，就是重這個，輕那個。你們不能又事奉上帝，又事奉瑪門。」（太六24）「瑪門」這字指到金錢或物質資財，但耶穌使用這字，用得好像是偶像的名字。「瑪門」想要爭奪我們對獨一真神的效忠，因而確是偶像。也許，為了我們的緣故，不妨可以把尼布甲尼撒所造的金像命名為「瑪門」。讓我們開始看清拜金的宗教想要騙人的把戲，那是永遠不會兑現的承諾。我們來譏諷這種宗教吧，校正耳朵聽那從天上傳來的譏笑聲，叫一切偶像都自慚形穢。我們與上帝一同嘲笑偶像的裝假，這是不錯的方式來開始抗拒偶像。

我們需要的，正正就是**抵抗**——想像這字用於抗戰時所帶涉及英勇和才智的味道。在一個受到偶像支配的社會裏，上帝的子民正處於敵人已盤踞的地盤。我們要奮勇抵抗，就需要天天警醒，靈活變通，作出長遠的策略思想。但來到故事的結尾，我們仍要一提，但以理書三章的應許就是：我們如此抵抗時，就會發現上帝與我們同在。沙得拉、米煞、亞伯尼歌的腦海中極可能已存在一段以賽亞書的經文，因此當三人面對火窯時，就想起了這段經文。上帝向以色列說：

> 你不要害怕！因為我救贖了你。
> 我曾提你的名召你，你是屬我的。
> 你從水中經過，我必與你同在；
> 你蹚過江河，水必不漫過你；

你從火中行過，必不被燒，

火焰也不著在你身上。（賽四十三1～2）

沙得拉、米煞、亞伯尼歌遇到的神蹟，就戲劇性地說明了這應許。當然，上帝不一定每次都保護自己子民的人身安全，我們見到沙得拉、米煞、亞伯尼歌也沒有強求上帝必定要這樣做。他們忠於上帝，謹此而已。他們沒有定下條件，要上帝非救不可。但上帝確實應許，祂的子民無論任何時候因抵抗拜偶像而受苦，上帝都會與他們同在。上帝為沙得拉、米煞、亞伯尼歌所做最重要的事，不是救他們脫離死亡，而是叫他們能以不向尼布甲尼撒的偶像低頭。於是，尼布甲尼撒大感震撼，比起其他人看見他的金像而生的震懾感還要強烈得多。尼布甲尼撒大感震撼，不只由於看到那三人在火焰中沒受傷害的神蹟，也由於他見到共有四人，而不只是三人在火中行走，認出那第四位就是以色列的上帝、至高的上帝，與自己的子民同行。當上帝的子民抵抗社會的偶像，不惜一切拒絕事奉金像，當旁人見到在他們抵抗時上帝與他們同在，上帝的子民就在上帝的世界中帶來震撼。

禱告

至高的上帝，
偶像似乎統治我們的世界，
天天要求我們順從。
偶像用閃閃發光的引誘迷惑我們，
我們沒留意到偶像對其他人構成的破壞，
也沒留意到偶像向我們設下的陷阱。
偶像用排場和權力震懾我們，
我們太容易就贊同沒有其他出路。
但惟有祢是至高上帝。
祢超過偶像空虛的姿態，
祢譏誚他們。
賜我們勇氣抵抗偶像，
又賜智慧能出奇制勝。
我們不指望這是容易，
甚至會被人下在火窯，
但我們知道在這一切之上，祢會與我們同在。
即使痛苦得如同地獄，
火焰也不能傷害我們，
因祢與我們在火窯中同行。

註釋

前言

1. C. S. Lewis, *An Experiment in Criticism* (Cambridge: Cambridge University Press, 1961), 139～141.

2. ……在人生路上孤單之時（創二十八10～22）

1. Francis Thomson, *Selected Poems* (London: Methuen/Burns & Oates, 1910), 130～131.

4. ……在怒氣沖昏之時（撒上二十五章）

1. 見 E. M. Forster, *Aspects of the Novel* (London: Pelican, 1962), 75ff。
2. Eugene Peterson, *The Message of David* (London: Marshall Pickering, 1997), 81f.
3. 現代的聖經譯本會把此處「指到大衛的仇敵」，修正為「指到大衛自己」，以進一步加強，而不是削弱這誓言的修辭重點。

5. ……在被罪轄制之時（撒下十一章）

1. 'Out of my Soul's Depth' by Thomas Campion (1567～1620) from Lord David Cecil (ed.), *The Oxford Book of Christian Verse* (Oxford: Clarendon Press, 1940), 74～75.

6. ……在氣驕志滿之時（王下五1～14）

1. 取自 'Lord, it belongs not to my Care' by Richard Baxter (1615～1691), in Lord David Cecil (ed.), *The Oxford Book of Christian Verse* (Oxford: Clarendon Press, 1940), 217。

9. ……在徒勞無功之時（傳二章）

1. W. B. Yeats, *Selected Poetry*, ed. A. N. Jeffares (London: Pan, 1974), 184.
2. George Herbert, *The Country Parson, The Temple*, ed. J. N. Wall (Classics of Western Spirituality; New York: Paulist, 1981), 284～285.

10. ……在禱告蒙妙允之時（賽三十八章）

1. 這記載是根據 Joseph Frank, *Dostoevsky: The Years of Ordeal 1850～1859* (Princeton: Princeton University Press, 1983), chapter 5。
2. Micheal O'Siadhail, *Our Double Time* (Newcastle upon Tyne: Bloodaxe Books, 1998), 24.

緊扣時代 服事教會

以文字傳揚基督真道

讀者意見表

衷心多謝你購買本社書籍。本社一直致力以出版事工服事教會，幫助信徒扎根於神的話語，促進靈命增長。為使我們的出版更能滿足你的需要，請填寫下列各項資料，並寄回或傳真予本社。

所購書籍：________________

本書最吸引你的地方：

□作者 □適切性 □文筆 □設計 □實用性

□其他：________________

購買本書地點：

□基道書樓 □基督教書店 □非基督教書店

性別：□男 □女 職業：________________

信仰：□基督徒 □非基督徒

年齡：□16歲或以下 □17～25歲 □26～35歲

□36～55歲 □56歲或以上

學歷：□中三或以下 □中五 □預科

□大學 □研究院

□我欲更多了解基道出版社的事工及考慮支持，請寄給我下列資料：

□機構簡介 □新書資料 □基道會員通訊

□《基道文字事工通訊》

姓名：________________ 電話：________________

地址：________________

____

傳真：________________ 電子郵件：________________

其他意見：________________

____

多謝賜教！

基道出版社

意見表可以傳真（2687-0281）或直接郵寄以下地址：

香港沙田火炭坳背灣街26號富騰工業中心1011室

基道出版社編輯部收